Le guide de la Télé

FLUIDE GLACIAL

Textes
Léandri, Gotlib,
Igwal,
Frémion.

Images
Bernar, Blutch,
Coutelis, Coyote,
Edika, Ferri,
Gaudelette,
Gimenez,
Goossens, Hugot,
Julien-CDM,
Lamorthe,
Larcenet,
Lefred-Thouron,
Maëster, Pétillon,
Pichon, Solé,
Thiriet, Tignous.

la télé :
une magie merveilleuse au service de l'humanité

La télévision fête bientôt ses 70 ans et on n'a pas fini d'énumérer les bienfaits qu'elle a apportés aux hommes. Grâce à elle, les citoyens, devenus téléspectateurs, sont plus savants, plus sages, plus équilibrés, plus cultivés, plus tolérants, plus généreux, plus perspicaces, plus entreprenants, plus curieux, plus critiques et plus responsables qu'ils ne l'ont jamais été dans l'Histoire (sauf peut-être entre octobre 1693 et janvier 1694, mais ce n'est pas sûr). Pour tirer le meilleur de cet instrument magnifique, il convient d'abord de bien le connaître. Dans ce premier volume consacré à la télévision, nous nous sommes penchés sur la télé vue de l'extérieur, son histoire riche d'anecdotes et de légendes, sa pratique dans la vie quotidienne.

Avec ce Guide du Téléspectateur, la télé n'aura plus de secret pour vous, vous saurez enfin d'où elle vient, comment s'en servir, comment la réparer, où la mettre, comment la décorer et que manger devant.

Dans un prochain volume, le Guide de la Télévision vous révélera la télé de l'intérieur : les coulisses, les émissions, les stars.
Avec les Guides Télé Fluide Glacial, l'écran cathodique a trouvé son maître !

Histoire de la télévision

une invention qui a bouleversé le siècle

Comment ça a commencé

Constantin Ivanov, inventeur de la télévision.

Le 18 juillet 1905, l'ingénieur agronome Constantin Ivanov cherche à faire revivre un être humain fabriqué à partir de morceaux de cadavres qu'il a ramassés dans les cimetières et dans les hôpitaux. Il a fini d'assembler le corps composite, qui gît inerte sur la table d'opération.

Constantin vient d'achever le visage de sa créature d'après une photo de Robert De Niro mais il n'est pas très content du résultat. Qu'importe, il attend plus de succès avec le cerveau qu'il lui a implanté, avec lequel il a pourtant eu beaucoup de difficultés (celui de Victor Hugo était en décomposition avancée, Freud et Einstein n'étaient pas encore morts, il a dû prendre celui de Larcenet). Dehors, l'orage gronde, le tonnerre rugit. Constantin déploie l'antenne parabolique sur le toit, et branche les énormes cylindres du générateur à galvanoplastie. Soudain, c'est le drame : l'éclair frappe, mais la foudre s'accumule trop intensément dans l'antenne parabolique. Les appareils explosent, et une déflagration surpuissante pulvérise la créature. À la place du corps si patiemment construit, il ne reste plus qu'un tas de matière gélatineuse, carbonisée et nauséabonde, crépitant d'étincelles jeter ce résidu putride à la poubelle, le professeur s'avise que quelque chose semble bouger à l'intérieur. Il regarde en noir et blanc qui s'engueulent ; il reconnaît Léon Zitrone et Raymond Marcillac ! Pleurant d'émotion, le savant recueille

Quelques définitions

PAL Procédé de traitement des couleurs d'origine étrangère, qui n'a jamais fonctionné (les images passent floues en noir et blanc) mais que s'obstine à employer la plus grande partie du monde. Le PAL ne marche que dans les appareils PAL-SECAM, grâce à l'aide du SECAM.

SECAM Procédé de traitement des couleurs d'origine française, qui fonctionne étonnamment bien, mais grâce auquel le reste du monde ne peut pas lire nos cassettes et n'achète donc jamais le moindre programme français. (Il pourrait les lire avec des appareils PAL-SECAM mais il n'en utilise pas, ce qui prouve bien sa mauvaise volonté.)

NTSC Procédé de traitement des couleurs d'origine ni française ni étrangère. Nul ne connaît l'origine du procédé NTSC. Sigmund Freud a émis une hypothèse intéressante dans son ouvrage Totem et Tabou. Le NTSC pourrait avoir dans l'inconscient collectif des liens subtils avec le tabou de l'inceste, compte tenu des quatre mystérieuses lettres le désignant (Nique Ta Sœur Connard).

BIT Unité élémentaire d'information ne comprenant que deux valeurs (0 et 1) et fournissant la possibilité d'effectuer des calembours graveleux.

NUMÉRIQUE Système de transmission binaire des images où les informations ne sont plus transmises en variations électriques analogiques, mais en bits 0 et 1. La télévision numérique n'envoie donc plus sur les ondes que des longues listes de 0 et de 1 que l'on peut décoder en faisant l'économie d'un appareil, avec un stylo et un bloc-notes, à condition de noter très vite.

ANALOGIQUE Système de transmission des images où les informations ne sont plus transmises en bits 0 et 1 mais en variations électriques. (En fait, exactement le contraire du système ci-dessus.)

DIGITAL Système de transmission des images exactement pareil que les deux précédents sauf qu'il n'a strictement rien à voir ni avec l'un ni avec l'autre.

ZAPPING Nouveau comportement du téléspectateur apparu avec le développement de la télécommande, qui consiste à visionner toutes les chaînes, en accordant à chacune un maximum de 20 secondes d'attention, et auquel les chaînes se sont adaptées en réalisant des émissions qui ne dépassent pas 20 secondes.

PIERRE TCHERNIA Personnage important de la télévision française, dernier représentant actif des grands vétérans, devenu pour les jeunes générations et l'ensemble des médias le spécialiste absolu de tout ce qui se rapporte au petit écran.

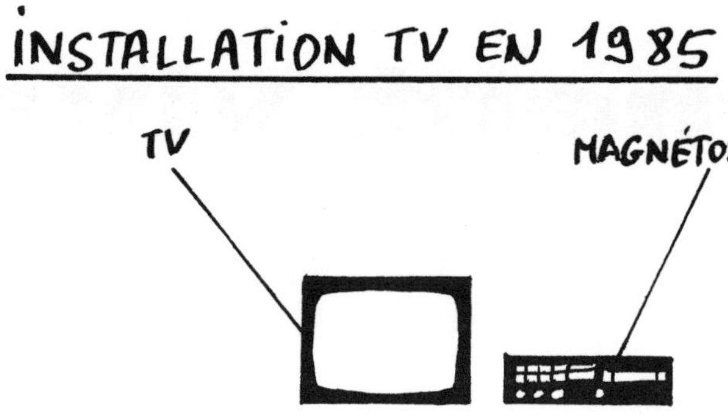

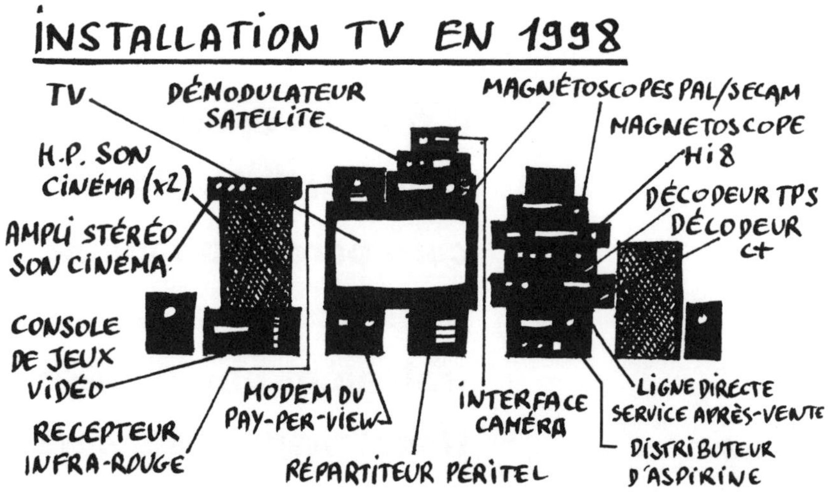

INA Vaste marché couvert où l'on trouve absolument tout ce qu'on veut concernant les images télé, depuis l'aube de l'humanité. Les producteurs s'y rendent le dimanche matin afin d'y accomplir les achats qui leur permettront de réaliser des émissions pleines de trouvailles originales et créatives entièrement basées sur la rediffusion de vieux machins.

KARAOKÉ Concept télévisuel plein d'originalité et de créativité consistant à faire chanter à des invités originaux et créatifs des mélopées originales et créatives dont les paroles défilent sur un écran, permettant aux chanteurs de suivre le texte. Cette trouvaille est tellement pleine d'originalité et de créativité qu'elle a instantanément été plagiée par les clubs de vacances et les boîtes de nuit.

COCOONING Technique de régression psychotopique d'origine américaine, et qui consiste à retourner dans le ventre maternel, mais avec une Sony 80 cm 16/9 stéréo.

TÉLÉCOMMANDE (syn. : zappette) Petit boîtier à boutons, permettant de commander un récepteur de télévision à distance, qui s'est généralisé à partir de 1980. Il a notamment permis au téléspectateur de s'adapter à l'évolution des chaînes (qui ne faisaient plus que des émissions de 20 secondes) en inventant le zapping.

(Nota - Si au lieu du changement de chaîne, la porte du garage s'ouvre, la stéréo hurle, le répondeur se déclenche, l'alarme de la maison retentit, et une voix dit “Allô ?”, c'est qu'on s'est trompé de télécommande.)

TATOU Mammifère à carapace originaire d'Amérique du Sud, qui n'a aucun rapport avec la télévision.

16/9 Nouveau modèle de téléviseur mascope sans bandes noires. Bientôt, le système 1/9 permettra de voir sans bandes noires les scènes tournées à travers les meurtrières d'un château, et le système $2\sqrt{ab}\cos 14$ permettra de voir dans les mêmes conditions les scènes tournées à travers le trou d'une serrure. (Détail amusant, si l'on divise 16 par 9, cela donne 1,77777777777777777. Il suffisait de nommer ce nouveau modèle de téléviseur 16/8 pour que la division tombe juste.)

SON CINÉMA Nouveau dispositif sonore reproduisant chez soi le vrai son des salles de cinéma par la haute-fidélité stéréo du numérique, au moyen d'un nombre variable de haut-parleurs et de baffles supplémentaires à disperser autour de sa télé. Ce système a donné naissance à une nouvelle race de voisin, le voisin-cinéma, reproduisant chez soi les batailles d'accoudoir et les exhortations au silence des vrais spectateurs des salles de cinéma, au moyen d'un nombre variable de coups de marteau dans les murs et d'appels à la police.

pouvoir regarder un film qui repassera quelque temps plus tard et qu'on pourra alors regarder gratuitement. D'après Frémion, ce système s'inspirerait des distributeurs de bonbons à la menthe où l'on met une pièce dans une fente (Pay Per Mint).

DÉMODULATEUR/DÉCODEUR

Appareil indispensable pour recevoir les chaînes du satellite ou les chaînes payantes du câble. On peut le compléter d'un remodulateur / recodeur qui permet de retourner à l'envoyeur les émissions nulles ou insipides qui constituent 80% des signaux reçus par l'appareil.

PÉRITEL Procédé de branchement universel des appareils audio-vidéo destiné à unifier les standards de connexions, qui, avec plusieurs milliers de variantes possibles, tournaient au cauchemar pour les utilisateurs. (Notons que le Péritel s'est encore perfectionné avec l'arrivée du Péritel A de chez Sony qui ne se branche qu'avec les Péritel de cette marque, à moins de disposer de l'adaptateur Péritel RCA qui se connecte avec les

Comment vivait-on avant la

Il fut une époque où la télévision n'existait pas. Il est difficile d'évoquer ces temps de barbarie obscure parce que même avec des efforts, on a du mal à les imaginer. La vie était lamentable, les gens traînaient une existence pitoyable dont on retrouve témoignage dans certains documents de l'INA.

télé ?

Après la journée de travail, quand arrivait le soir, la famille se retrouvait désœuvrée à fixer hypnotiquement un coin de mur vide où couraient des fissures sur la surface décrépie. Ou plus sinistre encore, certaines familles faisaient brûler des matières inflammables dans un endroit aménagé à cette fin, et l'assistance pouvait rester des heures entières à fixer d'un œil inexpressif de minables flammes sans la moindre possibilité de zapper. Alors, d'un ton morne et mécanique, on parlait d'inepties ennuyeuses, de philosophie ou de politique, tout en épluchant des tonnes de châtaignes à des cadences infernales. C'était le moment où les vieux gâteux qui n'avaient rien d'autre à faire racontaient des histoires sordides sur leur passé, quand ils ne se lançaient pas avec sadisme dans des récits délirants qui terrorisaient les enfants et abrutissaient les adultes. Mais le désœuvrement ne s'arrêtait pas là. Livrés à eux-mêmes, les gens avaient toute latitude pour sombrer dans des occupations encore plus indigentes comme lire des livres, aller au théâtre ou au cinéma, copuler, jouer aux cartes ou aux petits chevaux.

Victimes de cette vacuité déstructurante, les enfants se répandaient dans les rues où l'oisiveté les poussait à des comportements asociaux comme jouer hystériquement à la marelle ou dire des gros mots. C'est pourquoi, pour les tenir, on était obligé de les faire travailler très tôt dans les mines et les ateliers. Et si les gens se levaient au chant du coq pour s'étourdir dans des travaux dégradants, c'est tout simplement qu'ils se couchaient à 18 h 30 à seule fin d'éviter des soirées aussi pénibles.

L'absence cruelle de la télévision avait bien d'autres effets pervers

Par exemple, privés de météo, les gens ne savaient plus quel temps il faisait, on pouvait les voir en maillot de bain en février ou emmitouflés au mois d'août. En plus de leur travail exténuant, la vie ne leur faisait aucun cadeau : comme ils ne pouvaient pas regarder le foot, ils étaient forcés d'y jouer eux-mêmes. Sans pub, ils ne parvenaient pas à choisir un produit quand ils faisaient leurs courses et restaient de longs moments paralysés d'hésitation devant deux lessives ou deux rasoirs. D'ailleurs, en l'absence de toute fenêtre ouverte sur le monde, l'ignorance était le lot commun. Si vous leur demandiez qui était Guillaume Durand, ils ne pouvaient pas vous répondre et vous regardaient avec un air pitoyable d'illettrisme buté, ils ne savaient même pas le nom du chien de Dechavanne, et pour eux, Lagaf' était un personnage de bande dessinée.

Quand la télévision n'existait pas, on n'avait rien pour poser les poupées en coquillages, les photos de famille et les maisons-baromètres. On était alors obligé de les suspendre au plafond.

50 ans d'histoire de la télévision

Les grandes dates

1935 Pierre Tchernia invente la télévision.
1944 Début des émissions en 441 lignes de la RDF rue Cognacq-Jay, dirigée par Pierre Tchernia.
1948 Premier direct en extérieur : l'arrivée du Tour de France (Pierre Tchernia porte le dossard 65).
1949 Premier journal télévisé réalisé par Pierre Tchernia, avec Jacques Sallebert.
1950 Pierre Tchernia invente Pierre Sabbagh, avec l'idée géniale de la pipe.
1951 Débuts de Catherine Langeais, speakerine, sur les genoux de Pierre Tchernia.
1959 Débuts de la fameuse émission Cinq Tchernias à la Une.
1961 Janvier
La speakerine Noëlle Noblecourt montre ses genoux à l'antenne et se fait licencier.
Pierre Tchernia montre son coude sans provoquer d'incident.
Mars
Apparition du carré blanc (dessiné par Tchernia).
Avril
Pierre Tchernia invente le placard et l'inaugure sur-le-champ.
1962 Mai
Pierre Tchernia invente la télévision couleur.
Décembre
Bonne Nuit les petits, avec Nicolas, Pimprenelle, Nounours et Tchernia.
1963 Janvier
Afin de pouvoir présenter l'année suivante en France l'Ami public n°1, Pierre Tchernia fonde la Walt Disney Company outre-Atlantique (et donne à son directeur l'idée de quelques personnages, dont une souris avec des oreilles noires).
Novembre
Les Raisins verts de J.-C. Averty (on y voit Pierre Tchernia passé dans une moulinette).
1964 Juin
Loi créant l'ORTF qui est confiée aussitôt à Pierre Tchernia.
1967 Chapeau melon de Pierre et Bottes de Tchernia en cuir.

➜ *Suite page 12*

Les anecdotes

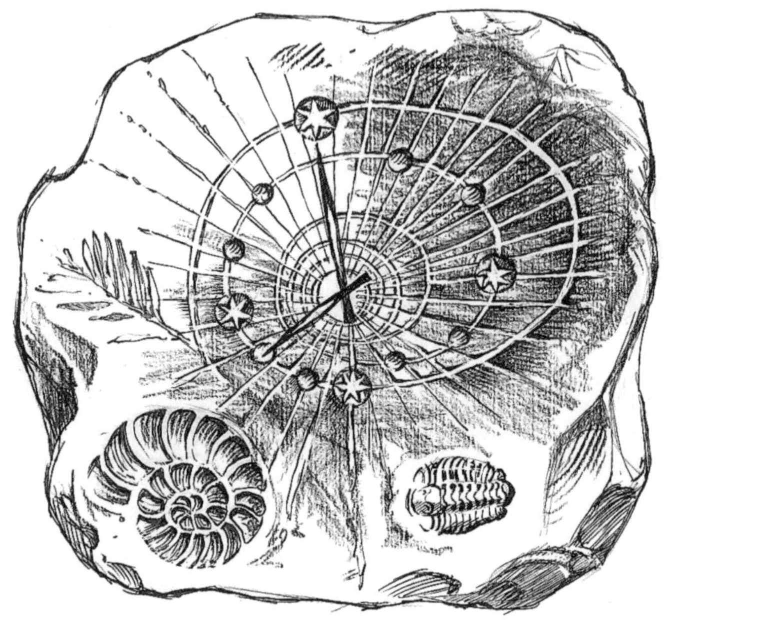

Pionnier des temps héroïques de la télévision, l'animateur-présentateur Pierre Bellemare aime à évoquer ses collègues, les grands anciens de cette époque merveilleuse.

Fâcheux oubli

Ce matin-là, Pierre Sabbagh pénètre comme tous les matins dans son bureau de la rue Cognacq-Jay. Détendu et de bonne humeur, il salue Monique, sa secrétaire. La veille, la réunion de rédaction de Cinq Colonnes à la Une avait été fructueuse comme à l'habitude, même si elle s'était terminée tard. Comme tous les matins, son premier souci est de nettoyer sa pipe, cette pipe légendaire qu'on lui voit sur toutes les photos, cette pipe dont il ne se sépare jamais et que lui connaissent tous les Français. Mais ce matin-là, tout en bourrant sa pipe de son tabac brun préféré, Pierre éprouve un étrange sentiment de malaise. Soudain, il se dresse, fouille ses poches avec précipitation, d'abord celles de sa veste, puis celles de son imper accroché au portemanteau, revient à son bureau, ouvre fiévreusement tous les tiroirs, avant de se rendre à l'évidence avec consternation : IL N'A PAS DE FEU ! Il se rappelle alors avoir laissé ses allumettes sur la table de la rédaction, la nuit dernière. Il a oublié de les reprendre, il en est maintenant sûr, il n'y a pas d'autre scénario possible. Heureusement, Monique est là, qui a toujours un briquet dans son tiroir, et elle sort vite son patron de ce mauvais pas. ■

extraordinaires de Pierre Bellemare

Une controverse

Nous sommes le 16 juin 1965. Il est 13 h 30 à la nouvelle cantine de la première chaîne. Léon Zitrone boit un café avec Raymond Marcillac. Les propos à bâtons rompus sont entrecoupés d'éclats de rire. Mais voilà Jacques Sallebert, qui s'installe à leur table et commande un café lui aussi. Ils sont amis, travaillent ensemble de longue date, aussi la conversation continue-t-elle sur un ton disert et badin. Soudain, le visage de Sallebert se fige au milieu d'une phrase, et il dit d'un ton grave : "Il n'est pas très bon, ce café." Zitrone, connu pour la vivacité de ses reparties, lui rétorque alors du tac au tac : "Ah bon ? Moi, je ne le trouve pas mauvais." Un silence perplexe s'installe, la conversation a cessé. Et c'est alors que Marcillac fait preuve de son intelligence incisive et de son sens aigu de l'analyse. En quelques secondes, il a fait le tour de la situation : il se tourne vers Sallebert et suggère d'une voix posée : "Tu ne l'as peut-être pas sucré ?" Le journaliste examine sa cuillère et ne peut faire autrement que de convenir : "Ah oui, c'est bête, j'ai oublié." ■

L'homme en trop

Un jour de 1961, à Cognacq-Jay, j'entre dans le bureau de Pierre Desgraupes. Il y avait déjà là Pierre Dumayet, Pierre Lazareff, Pierre Tchernia et Pierre Sabbagh. Arrive Claude Darget. Pour une raison inconnue, il ressent une bizarre sensation d'exclusion et quitte la pièce. Nous n'avons jamais compris pourquoi. ■

La rencontre inattendue

Antoine de Caunes n'était pas encore né à cette époque-là. Son père, Georges de Caunes, se trouve seul un soir dans une régie de montage. Il est tard, l'immeuble est vide. Fatigué par les heures de travail qu'il vient de passer dans la chaleur étouffante de la pièce, il sirote un whisky, enfoncé dans le divan des techniciens. Jean d'Arcy vient de le quitter, le studio est silencieux, le journaliste goûte ces instants de répit paisible dans la lumière tamisée des voyants de contrôle. Soudain, alors qu'il croyait l'étage désert, il entend des pas féminins résonner dans le couloir. Doucement, la porte s'ouvre. Apparaît Jacqueline Joubert qui travaillait dans un bureau voisin, se croyant seule, elle aussi. Elle est belle, dans tout l'épanouissement de sa réussite professionnelle. Elle distingue la silhouette de Georges étendu sur le sofa, dans le clair-obscur des cadrans lumineux. Ils échangent un long regard, se sourient. Alors, elle ouvre la bouche et dit de sa voix sensuelle : "Quelle heure est-il ? Ma montre est arrêtée." Georges lui montre la pendule de la régie : "Il est une heure trente, mais je crois qu'elle avance un peu." "Merci", répond Jacqueline, et elle retourne travailler ■

Les décennies 60-70 la grande époque de

Creuset créatif où s'est forgée la télé contemporaine, les années 60-70 à l'ORTF ont vu l'épanouissement de la télévision, ainsi que son arrivée à la première place dans la vie des Français.

Pour comprendre la fièvre créatrice de cette époque légendaire, nous avons demandé à Louis Michonnot, électricien pendant 30 ans à Cognacq-Jay, de faire un sort aux critiques et aux reproches qui ont souvent été formulés contre cette grandiose institution.

Fluide Glacial : *Quels sont vos souvenirs de la grande période de l'ORTF ?*
Louis Michonnot : Toute notre jeunesse ! En ce temps-là, monsieur, on savait faire de la télé. Pas comme maintenant avec leur télé de tapettes où si vous avez pas trois travelos par émission, vous êtes viré ! C'était une télévision merveilleuse faite par des gens merveilleux !
FG : *Mais ne disait-on pas qu'elle était au service du pouvoir ?*
LM : Fariboles ! C'était du professionnalisme, c'est tout ! Franchement, quand vous voulez faire de la vraie information, comment trouver plus compétent que le ministre de l'Intérieur lui-même pour écrire le journal ? Il sait de quoi il cause, lui, pas comme les Poivre et sel d'Armor ou les cirques Amar qui vont chercher leurs infos dans Paris Match ! En ce temps-là, le ministre relevait ses manches et s'y collait en personne ! Et fallait voir le sérieux du travail ! Nul ne demandait de droit de réponse !
FG : *On parlait de déférence, voire d'obséquiosité...*
LM : C'est entièrement faux ! Vous aviez des émissions qui étaient des régals d'impertinence, rien à voir avec les marionnettes guignolo-intellos de maintenant ! Tenez, prenez Interville, cette perle d'humour et d'esprit : les dialogues percutants de Guy Lux et Léon Zitrone, c'était de la polémique qui volait haut, des grands moments de verve picaresque ! D'ailleurs, quand Léon invitait une personnalité, il ne lui faisait pas de cadeau, les grands de ce monde avaient peur de ses interviews. Mais le plus corrosif de tous, c'était Jacques Chancel ! Ce type-là avait tellement de talent qu'on se demandait pourquoi il s'entourait toujours de faire-valoir inutiles...

TINO... 10 ANS DÉJÀ.
Petit papa Tino... Avec sa femme Lilia et leur fils Laurent : Le don Juan était aussi un père tranquille.

FG : *Justement, à propos d'humour, on disait qu'il était rare...*
LM : Alors là, j'en rigole rien que d'y penser. Je me souviens de Danièle Gilbert et de son humour décapant, c'était tous les jours un festival ! Tenez, je me rappelle une blague : Qu'est-ce qui est rouge à points noirs et qui sent mauvais ? Une coccinelle qu'a pété. Bon, elle nous racontait ça hors plateau, bien sûr, mais qu'est-ce qu'on se marrait ! Maintenant, vous avez des trucs comme les Chiens sur Canal, on prend des débiles mal sapés et on trouve ça drôle. Moi, j'avais un collègue qu'était bien pire qu'eux, ça nous serait pas venu à l'idée de le mettre devant une caméra. On aimait trop le métier.
FG : *Certains accusaient l'ORTF de frilosité, de manque d'imagination.*
LM : C'est une honte de dire ça ! L'ORTF avait une mission d'éducation et elle s'en montrait digne ! On a pas attendu les Allemands et leur Artung pour faire du culturel ! Ce monument de connaissance et de suspense palpitant qu'étaient les Rois maudits, ce florilège de culture générale avec la Tête et les Jambes, la poésie dans Télé Dimanche, la science dans Aujourd'hui madame, des émissions si passionnantes qu'avec les collègues on n'hésitait pas à travailler quelques secondes supplémentaires, le soir.
FG : *Mais tout n'était pas bon, quand même...*
LM : Ah non, j'ai pas dit ça ! Y avait des merdes, c'est certain. Des Averty, des Desproges, des Jean Yanne, des Santelli, des branlettes intellectuelles à chier comme M. Cinéma ou les caquetages de Pivot, mais c'était très rare ! Même des énergumènes à la con comme Jacques Martin, qui s'est beaucoup arrangé depuis qu'il a enfin appris à faire de la télévision. Tout ça c'étaient des enculés de merde qui foutaient le bordel.
FG : *Vous ne vous reconnaissez plus dans la télévision d'aujourd'hui ?*
LM : D'abord, ils parlent comme des charretiers à l'antenne, c'est un scandale ! Vous vous rendez compte de l'exemple qu'ils donnent à la jeunesse ? Mais il y a quand même une bonne chose dans le foutoir actuel et qu'on n'avait pas à l'époque, c'est l'Audimat. C'est grâce à l'Audimat, monsieur, qu'on nous passe pas absolument n'importe quoi ! Avec l'Audimat, les intellos pinailleurs n'en mènent pas large, ils se terrent dans leur coin et n'osent pas la ramener. Si on avait eu ça à l'époque ! C'est simple, d'ailleurs : j'en ai un chez moi.
FG : *Merci, Louis Michonnot.*

l'ORTF

L'ORTF remplissait-elle sa mission d'information ?

Le soir du 10 mai 1968, alors que le Quartier latin est en flammes, que le gouvernement vacille et que les radios privées retransmettent les émeutes en direct, la 1e chaîne diffuse un épisode de la série le Virginien. Voici par exemple ce qu'un paysan de la Sarthe a retenu des événements :

"Ah ben oui, j'm'en souviens ben. Alors, y avait les Indiens du sachem Cohn le Bandit qu'étaient encerclés par les hommes du shérif Grimaud sur les barricades. Soudain v'là-t-y pas que les CRS et la cavalerie attaquent par-derrière le boulevard Saint-Michel, et Pompidou apparaît sur son cheval blanc. Mais c'est une ruse, une bande d'étudiants aidés par des chasseurs de primes enlèvent la fille du recteur de la Sorbonne et se cachent dans le ranch du Panthéon. Après j'sais plus trop, j'ai raté l'épisode suivant."

Goossens

Les grandes dates

Suite de la page 8

1968 Mai
La grève et la contestation à L'ORTF sont menées par le camarade Tchernia (qui monte une barricade dans le hall).
Juin
Tchernia est limogé par une commission qu'il dirige lui-même.
Octobre
Première publicité à la télévision (pour la lessive Pierre T.).

1974 **Loi supprimant l'ORTF pour la remplacer par sept sociétés (toutes dirigées par Pierre Tchernia, réembauché pour l'occasion).**

1980 **Pierre Tchernia conçoit le système Audimat, contre lequel il part aussitôt en guerre.**

1984 **Débuts de Canal + où l'on voit Pierre Tchernia crypté.**

1985 **Débuts de La Cinq, sans Pierre Tchernia (la chaîne ne sera pas viable).**

1986 Juin
Pour la première fois, le mot "bite" est prononcé à la télévision.

1987 **Pierre Tchernia est privatisé.**

1988 **Le vendredi 29 avril, le film de TF1 dans tous les programmes était annoncé à 20 h 35. Et il a commencé exactement à 20 h 35 (pour la petite histoire, il s'agissait du Viager de Pierre Tchernia).**

1990 **Tabatha Cash montre son clitoris à l'antenne et se fait augmenter.**

1991 **Pierre Tchernia reçoit la Légion d'honneur, le prix Nobel et entre à l'Académie française.**

1993 **Première émission sans publicité sur une chaîne privée.**

1995 **Diffusion d'une émission d'humour sans aucun mot grossier.**

1996 **Un monument de 50m de haut est élevé à Tchernia rue Cognacq-Jay.**

1997 **Pierre Tchernia est élu "Homme du Siècle" par l'équipe de Fluide au grand complet.**

1998 **Pierre Tchernia accepte de collaborer au Guide Fluide Glacial de la Télévision sans que nous ayons eu besoin de le flatter un seul instant.**

La cuisine de Raymond Oliver

Nous avons retrouvé une bande vidéo de la célèbre émission culinaire de Raymond Oliver présentée en compagnie de Catherine Langeais, qui n'est jamais passée à l'antenne. En voici la retranscription.

Catherine Langeais : Bonjour, monsieur Oliver. Que nous avez-vous préparé aujourd'hui ?
Raymond Oliver : Ah, aujourd'hui, Catherine, je vous ai préparé une surprise.
Catherine Langeais : Dites-nous vite, monsieur Oliver ! Les téléspectateurs et moi-même brûlons d'impatience.
Raymond Oliver : C'est la recette de la langue farcie à l'andouillette au cresson. Alors vous prenez une belle langue, bien fraîche et bien ferme comme celle-ci, regardez ça si elle est belle, on aimerait la caresser, on aimerait se la passer sur la peau, hein, Catherine ?
Catherine Langeais : Oh, monsieur Oliver, vous me faites rougir...
Raymond Oliver : Ensuite, vous prenez une belle andouillette de ce genre, bien grosse, bien dure. Tâtez, Catherine, elle est pas belle, mon andouillette ? Hein ? Hein ?
Catherine Langeais : Oh, monsieur Oliver, vous êtes bien coquin, ce matin...
Raymond Oliver : Enfin, vous prenez cette salade de cresson bien touffue.
Catherine Langeais : Mais qu'est-ce que vous faites là, monsieur Oliver ?
Raymond Oliver : J'enfouis d'abord ma langue dans votre cresson...
Catherine Langeais : Oh, monsieur Oliver, voulez-vous arrêter !
Raymond Oliver : Puis je prends mon andouillette à pleine main...
Catherine Langeais : Mais qu'est-ce qu'il vous prend, monsieur Oliver ? Cessez immédiatement ! Même François ne m'aurait jamais fait ça !
Raymond Oliver : Je vais te la coller mon andouillette, ma grosse salope !
Catherine Langeais : Arrêtez, dégoûtant ! Je le dirai à Pierre ! Coupez ! Coupez ! Au secours !

La Caméra invisible

S'il est une émission de la télé d'hier qui s'est hissée au rang de légende, c'est bien la Caméra invisible de Jacques Rouland. Il s'agissait de filmer à leur insu des gens victimes d'un canular, dont le principal agent était souvent Jacques Legras. Rappel de quelques grands moments.

■ Dans la maison de l'ORTF, ils enlèvent une porte en verre que les employés avaient l'habitude de pousser vigoureusement (3 fractures, 2 traumatismes crâniens).

■ Ils envoient l'employée d'une agence immobilière faire une course de cinq minutes et, en son absence, transforment l'agence en teinturerie (l'employée internée à vie en HP pour psychose maniaco-dépressive).

■ Jacques Legras offre à boire à son voisin de comptoir et lorsque ce dernier l'invite à son tour, il commande trois bouteilles de champagne et des sandwiches pour rapporter chez lui (Jacques Legras hospitalisé, 3 semaines d'arrêt de travail).

■ Jacques Legras fait croire que des balayeurs qui travaillent devant l'ambassade de Jordanie sont des terroristes (3 morts, 2 blessés).

■ Après l'avoir endormi avec un somnifère, ils remplacent le pilote d'un avion de ligne par une infirmière inexpérimentée (187 morts).

■ En se faisant passer pour un diplomate péruvien, Jacques Legras se disant porteur de secrets d'État demande l'asile politique à l'ambassade colombienne et déclenche la seconde guerre Pérou-Colombie (3571 morts).

Des coups vicieux

➡ *On prend 560 types au hasard, on leur fait croire qu'ils sont députés, on les installe dans un hémicycle qui ressemble à s'y méprendre à l'Assemblée nationale, et on les laisse là sans leur dire qu'ils sont filmés. Le résultat est inénarrable : au bout de quelques minutes, ils commencent à s'ennuyer ferme. Certains dorment, d'autres se décrottent le nez en regardant le plafond, d'autres lisent le journal... Ce sketch-là a eu tellement de succès qu'il repasse tous les mercredis.*

LA CAMÉRA INVISIBLE PIÈGE L'HOMME INVISIBLE.

➡ *Le meilleur descendant de la Caméra invisible, Surprise-sur-prise, avait piégé Jean-Claude Bourret quand il présentait le journal de La Cinq. Le jour où La Cinq s'est arrêtée, personne ne le lui a dit, et il a continué à présenter le journal dans le même studio, devant des caméras réellement invisibles, parce qu'on les avait enlevées. Il a mis deux ans à s'en apercevoir.*

L'évolution du style

Tout le long de son histoire, la télévision a insensiblement changé de ton. C'est à certains petits détails de vocabulaire qu'on reconnaît cette indéniable évolution du style selon les décennies. Prenons l'exemple du texte de présentation témoin ci-contre.

« Bonsoir. Après le journal, la météo nous prévoira un temps médiocre. La suite des programmes vous proposera une émission de variétés autour de Serge Gainsbourg. Nous vous souhaitons une bonne soirée sur notre chaîne. »

EN 1955

Mesdames, mesdemoiselles, messieurs, la Radio-télédiffusion française a l'honneur de vous dire bonsoir. Après les actualités en 441 lignes, l'Office national de météorologie vous annoncera des conditions climatiques défavorables. Puis la Radio-télédiffusion française aura l'honneur de diffuser par l'émetteur de la tour Eiffel une émission musicale divertissante présentée par Jean Nohain et Maurice Chevalier, au cours de laquelle un jeune débutant nommé Serge Gainsbourg viendra lire des poèmes de Paul Claudel. En vous remerciant de votre attention, veuillez agréer, mesdames, mesdemoiselles, messieurs, l'assurance de nos sentiments distingués.

EN 1965

Françaises, Français, bonsoir. Après le journal télévisé en direct du ministère de l'Intérieur, la météorologie annoncera un temps médiocre sauf à Colombey-les-Deux-Églises. Ensuite, la Télévision Nationale et le ministère de la Culture vous proposeront une émission de variétés consacrée à la vie du Général avec Line Renaud, Philippe Clay et Gilbert Bécaud, qui recevront le fantaisiste de music-hall bien connu Serge Gainsbourg. Vive la République, vive la France.

EN 1975

Waow ! Hello les copains, bienvenue chez nous ! Après les news, la météo annoncera un temps pourri pour les travailleurs en lutte de Renault-Flins. Puis soirée pop avec un spécial "in" de Dim dam dom où Polnareff et Cloclo inviteront Serge et Jane à chanter live leur tube "69 année érotique" dans un light-show psychédélique autour d'un joint et d'un verre de whisky ! Peace and love !

EN 1995

Salut les enfoirés et les boudins. Après les conneries de l'actu, Météo-France vous annoncera un temps de bite de merde à chier. Après, grosse éclate avec les keums et les meufs de la zikmu rasta pour une méga-rétrospective de cet enculé de Gainsbarre.

EN 2005

Mesdames, mesdemoiselles, messieurs, Canal 245 prime a l'honneur de vous dire bonsoir. Après les actualités HD, Météo-sat vous annoncera des conditions climatiques défavorables. Puis notre chaîne aura l'honneur de diffuser par le satellite FX2b une émission musicale divertissante présentée par Karl Zéro et les 2 Be 3, au cours de laquelle un jeune débutant nommé Lulu Gainsbourg viendra lire des poèmes de son père. En vous remerciant de votre attention, veuillez agréer, mesdames, mesdemoiselles, messieurs, l'assurance de nos sentiments distingués.

La France partagée en deux

Certaines émissions ont soulevé de telles controverses qu'elles ont divisé le pays en deux clans : les défenseurs fanatiques et les opposants fanatiques. Rappel de quelques fruits de la discorde avec la récapitulation des antagonistes.

Émission	Les pour	Les contre
Les Shadoks (dessin animé de Jacques Rouxel)	Les jeunes, les cadres supérieurs, les créas, les artistes d'avant-garde, la Sorbonne, Claude Piéplu	Les vieux, les officiers à la retraite, les évêques, Jean Cau, Louis Pauwels, l'Académie française, les Gibis
Les Raisins verts (Variétés de Jean-Christophe Averty)	Les jeunes, les cadres supérieurs, les créas, les artistes d'avant-garde, la Sorbonne, les vendeurs de moulinettes	Les vieux, les officiers à la retraite, les évêques, Jean Cau, Louis Pauwels, l'Académie française, les nourrices agréées
La speakerine Noëlle Noblecourt qui montre ses genoux	Les hommes	Les femmes
Droit de réponse (Magazine-débat de Michel Polac)	Hervé Bourges, Libération, Charlie Hebdo, les amateurs d'action et d'émotions fortes, les victimes des promoteurs, patrons, policiers, notables, tous ceux qui passaient dans l'émission	Francis Bouygues, le Figaro, Minute, les cardiaques, les pacifistes, les promoteurs, les patrons, les policiers, les notables et tous ceux qui ne passaient pas dans l'émission.
Le Petit Train d'Interlude qui présentait des rébus entre les émissions	À ce jour, aucune réaction favorable n'a jamais été décelée	À ce jour, aucune réaction défavorable n'a jamais été décelée
La Minute de M. Cyclopède (sketch quotidien de Pierre Desproges)	Les gens pressés, les fabricants d'horloges, les Français dont le nom commençait par une lettre de A à L, Télérama	Les mal-comprenants, les Français dont le nom commençait par une lettre de M à Z, Télérama
La Vie et l'Œuvre de Frémion	Frémion	La totalité des téléspectateurs ainsi que des personnels de télévision, du producteur au cameraman (1)

1. Cette émission n'a d'ailleurs jamais été diffusée, et n'a même jamais été réalisée non plus.

Anne Sinclair reçoit l'abbé Pierre.

30 ans de scandales, La vérité sur les scandales

L'histoire de la télévision a été émaillée de célèbres scandales, coups de tête ou esclandres, qui sont devenus des grands classiques. Mais tous sont le résultat d'une erreur monumentale : nous sommes aujourd'hui en mesure de révéler ce scoop.
Une minutieuse enquête nous a permis d'établir que, à l'origine, ces médiatiques affaires n'avaient rien de scandaleux. Pourquoi toujours voir le mal là où il n'y avait qu'un regrettable quiproquo ?

Messieurs les censeurs, bonsoir !

Les circonstances : Invité à un débat et mécontent d'un film qu'on lui avait coupé, le journaliste-philosophe Maurice Clavel se lève en déclarant : "Messieurs les censeurs, bonsoir !" et quitte le plateau dans la confusion.

La réalité : Aucun film n'avait été coupé et Maurice Clavel était parfaitement serein au moment où commence le débat. À cet instant, entrent dans le studio ses amis producteurs bien connus, les deux frères Jacques et Jérôme Lessenseur. Aussitôt, oubliant les caméras qui tournaient, il se lève amicalement pour les accueillir d'un cordial "Messieurs Lessenseur, bonsoir !" C'est la précipitation d'un technicien de régie qui sème la panique à ce moment-là et empêche Clavel d'aller se rasseoir comme il comptait le faire.

La France a peur

Les circonstances : Le jour de l'arrestation de l'infanticide Patrick Henry, le présentateur Roger Gicquel ouvre son journal par un mélodramatique "la France a peur".

La réalité : Le journaliste n'avait rien fait d'autre que son métier en livrant une information vérifiée et rigoureusement authentique. En effet, toute la journée, il avait croisé des gens terrorisés : le matin en venant au bureau il avait vu les passants hurler d'épouvante dans les rues et les usagers convulsés de terreur dans le métro. Dans les couloirs, ses collègues tremblants couraient se cacher sous les escaliers. Légitimement interpellé par le phénomène, Roger Gicquel entreprend alors de téléphoner à toutes les villes de province : du Nord au Sud, il tombe sur des correspondants bégayant d'effroi qui lui décrivent d'affreuses scènes de panique et d'affolement. S'étant fait confirmer que les gens apeurés étaient tous de nationalité française, le présentateur ouvre alors son journal par une information précise et objective : La France a peur. C'était vrai.

Les gestes obscènes de Nina Hagen

Les circonstances : Au cours d'un débat qui tourne autour de la sexualité, la chanteuse allemande Nina Hagen explique que la masturbation est une bonne chose et qu'elle-même aime beaucoup se masturber, surtout en se passant la main par-derrière les fesses. Et elle entreprend aussitôt une démonstration en direct.

La réalité : C'est une mauvaise compréhension de l'allemand qui nous a fait prendre pour un débat sur le sexe ce qui n'était qu'une anodine conversation sur la gymnastique amaigrissante. Voulant montrer le passage délicat d'un mouvement d'aérobic, la chanteuse se contorsionne dans une position difficile. Et c'est un effet d'optique dû à la caméra qui fit croire que sa main était posée sur son entrejambe alors qu'en fait, elle se tenait la cheville.

de la télévision 30 ans de malentendus

Bukowski chez Pivot

Les circonstances : Invité chez Bernard Pivot, l'écrivain américain Charles Bukowski arrive manifestement ivre. Ne cessant d'articuler des borborygmes incompréhensibles, il caresse le genou de sa voisine, se fait conspuer par Cavanna, avant de quitter le plateau, soutenu par deux appariteurs.

La réalité : En perte de vitesse par manque d'audience, l'émission littéraire était menacée de disparition. Pivot se laisse alors convaincre par ses assistants d'engager par contrat un professionnel américain du tapage médiatique afin de faire revenir les téléspectateurs. Les contrats sont signés, Bukowski est un spécialiste connu du débordement, tout le monde lui fait confiance, tout a été prévu et répété (voir document). Or, à la stupéfaction de l'équipe, une fois à l'antenne, l'agitateur grassement rétribué reste bien en-deçà de ses obligations contractuelles : interrompant à peine les invités, il se conduit au mieux comme un potache timide qui a bu un verre de trop, et ne fait pas le dixième de ce qui était prévu. Furieux d'une telle dégonflade, Pivot l'expulse du plateau.

Le véritable conducteur de l'émission. *On mesure à la lecture de ce document la distance entre ce conducteur initialement prévu et ce qui s'est réellement passé.*

Antenne 2 - Studio 4 Régie finale
Apostrophes
CONDUCTEUR

22.35	Fin générique. Désannonce Ciné-club. Présentation des invités.
22.42	Présentation des livres de la semaine.
22.45	Gros plan cam 1 sur Bukowski qui se fait un shoot d'héro, sniffe une ligne, avale un ecstasy et fume une pipe de crack.
22.50	Bernard donne la parole à l'invité 2.
22.52	Au top chrono, Bukowski se lève, pète, rote, et vomit sur l'invité 2. Bernard tente de le retenir, Bukowski se place sur ses marques face à cam 2, arrache les lunettes de Bernard et les casse.
22.54	Comme Cavanna essaie de l'en empêcher, Bukowski lui casse la gueule.
22.58	Sur cam 3 plan large, Bukowski arrache les vêtements de sa voisine et la viole en trois positions.
23.03	Bukowski renverse les cam 2 & 3, casse les projecteurs et met le feu au studio avant de s'enfuir par hélicoptère.

Le coup de poing de Chalais à Hallier

Les circonstances : Assis à la même table lors d'un débat filmé en public, l'écrivain Jean-Edern Hallier se répand en propos si diffamatoires envers le critique François Chalais que ce dernier lui envoie son poing dans la figure.

La réalité : Jean-Edern Hallier était en train d'évoquer ses vacances aux sports d'hiver. François Chalais, complice et ami de longue date de l'entarteur Le Gloupier, s'approche en service commandé pour viser une fois de plus l'écrivain-polémiste, régulièrement victime des agressions pâtissières du Belge iconoclaste. Mais, manque d'habitude ou étourderie, le critique oublie de se munir de l'indispensable projectile. Aussi, quand il croit entarter Jean-Edern Hallier, c'est sa main vide qu'il lui envoie au visage, entraînant la méprise des témoins.

Charlie Hebdo chez Polac

Les circonstances : Invités dans l'émission de Michel Polac, Droit de réponse, pour parler de l'arrêt de leur journal, l'équipe de Charlie Hebdo (ancienne formule) et ses amis provoquent un scandale avec les insultes du professeur Choron titubant, les gestes obscènes de Gainsbourg, et l'empoignade de Siné avec un autre invité.

La réalité : L'équipe de Charlie Hebdo n'était pas du tout là pour parler de la disparition de son journal, mais pour présenter la nouvelle danse de l'été, humoristique et entraînante, conçue par l'équipe de l'hebdomadaire, la direction de TF1 et Claude Lederman : la Charliabda était prévue pour faire un malheur sur les plages. Tandis que Siné montrait le pas afro-cubain avec un partenaire, Gainsbourg décomposait la gestuelle en scandant les paroles, accompagné par Choron et son orchestre dans une ambiance de carnaval festive et ludique longuement répétée. Le public n'était-il pas prêt à une telle opération, en avance sur son temps ? Toujours est-il que tout fut mal interprété et la presse cria au scandale.

Le billet de 500 francs brûlé en direct par Gainsbourg

Les circonstances : Serge Gainsbourg, prétextant une trop lourde charge d'impôts sur ses revenus, fait la démonstration symbolique du pourcentage que le fisc lui prélève en brûlant 95% d'un billet de 500 francs.

La réalité : Serge Gainsbourg, dont on connaît les talents de graphiste, avait réalisé un faux billet qui devait servir à cette démonstration. Malheureusement, il était tellement bourré en arrivant qu'il en a pris un vrai. Le lendemain, complètement dessoûlé, il acheta un paquet de Gitane, présenta le faux billet en règlement et se fit éjecter à coups de pompe dans le cul pour utilisation de fausse monnaie.

Les gants de boxe de Paul Amar

Les circonstances : Avant d'arbitrer un débat qui s'annonçait agité entre Bernard Tapie et Jean-Marie Le Pen, le présentateur Paul Amar leur offre à chacun des gants de boxe.

La réalité : Paul Amar désirait vivement que ce débat difficile se déroule dans les meilleures conditions. Aussi, pour détendre l'atmosphère, avait-il prévu d'offrir des amuse-gueule d'apéritif à ses invités. Malheureusement, affligé d'une presbytie que sa coquetterie naturelle lui interdisait de corriger par des lunettes, Paul Amar confondit les cacahouètes avec deux paires de gants de boxe oubliées là par la précédente émission.

Serge Gainsbourg et Whitney Huston chez M. Drucker

Les circonstances : La chanteuse Whitney Huston et Serge Gainsbourg sont interviewés ensemble, sur le plateau de l'émission de Michel Drucker, Champs-Élysées. Devant la beauté de Whitney Huston, Gainsbourg ne peut s'empêcher de manifester son admiration par ces mots émouvants : "I want to fuck you."

La réalité : Gainsbourg, arrivant sur le plateau, était tellement bourré qu'il n'a pas reconnu Whitney Huston qu'il a prise pour Bambou, son épouse légitime. On comprend alors qu'il pouvait sans la moindre gêne et en public lui faire part de son désir amoureux. Le lendemain, Serge Gainsbourg, complètement dessoûlé, envoya pour s'excuser un énorme bouquet de roses Baccara à Whitney Huston. Sur le chemin du bureau de poste, il s'arrêta pour boire des coups dans plusieurs bistrots et se bourra de nouveau la gueule. C'est ainsi qu'il envoya par erreur les fleurs à l'épouse d'Édouard Balladur.

PPDA, et son interview de Fidel Castro

Les circonstances : N'ayant pu interroger Fidel Castro, PPDA s'accapare des extraits d'une interview réalisée par ailleurs et la bidonne en y insérant de fausses questions, donnant ainsi l'impression d'avoir rencontré le leader cubain.

La réalité : Tellement bourré, Gainsbourg est responsable de cette bourde dont il assuma la responsabilité le lendemain, lorsqu'il fut dessoûlé.

LES SOUVENIRS DE CATHODIC TCHERNIA

En exclusivité pour Fluide Glacial, Pierre Tchernia, figure légendaire de l'audiovisuel, raconte ses plus beaux souvenirs de la télévision.

MERCI, PIERRE TCHERNIA !

CHEZ NOUS Y AVAIT PAS DE TÉLÉ
MAIS Y AVAIT LES PROGRAMMES...
CE SOIR ON REGARDE LE RÉSUMÉ DE "LA GRANDE VADROUILLE" !!!
...IL Y A UNE PHOTO...
CHOUETTE
LEFRED-THOURON

La télé au quotidien

vivre avec

Pour de nombreuses familles, le téléviseur est l'objet quantitativement le plus important de la maison. C'est pourquoi il faut porter beaucoup d'attention à son installation et à son intégration dans l'environnement. Ces quelques conseils vous aideront à vivre harmonieusement avec votre télé.

Vous aimez l'objet

(85 % des usagers)

Témoin de la modernité, fenêtre ouverte sur le monde, la télé vous plaît, même éteinte, avec son écran sombre luisant, plein de mystère. Il vous faut la mettre en valeur.

Quelle télé choisir ?

La plus grande, quelle que soit la taille de votre appartement. Les prix discount pratiqués par les marques coréennes en promo à prix cassés vous permettront d'en acheter une douzaine sans vous ruiner. Profitez-en.

Où la placer ?

Comme tout le monde, dans la pièce commune, salon ou salle à manger, dans l'angle le mieux exposé. Si la place est insuffisante, n'hésitez pas à vous séparer de meubles que la présence de la télé rendra superflus (chaîne hi-fi, bureau, table, lits, chaises, etc.) Les autres sont à disposer par ordre de priorité :

- dans votre chambre
- dans la chambre des enfants
- dans le garage
- dans le panier du chien
- dans l'aquarium des poissons rouges

Comment la décorer ?

L'usage consiste à poser dessus des objets décoratifs auxquels vous tenez particulièrement, ce qui vous permettra de ne jamais les quitter des yeux tout en regardant votre feuilleton.

Suggestions d'objets à poser sur la télévision :

- photos de famille encadrées
- baromètre-chalet avec couple mobile en costume folklorique
- gondole vénitienne en plastique noir et doré avec une lampe rouge à l'intérieur
- poupée en porcelaine représentant une bergère entourée de petits lapins
- reproduction d'ustensiles ménagers en cuivre
- coupe de fruits en plastique
- diplôme de la médaille du Travail ou du Mérite agricole
- berger allemand en plastique imitation pelage
- vrai berger allemand dans son panier
- projecteur de 2000 watts dirigé vers l'assistance, pour éviter la fatigue oculaire
- une autre télé, qui vous permettra de regarder deux chaînes à la fois
- 20 kg de beefsteack haché (grâce à la chaleur du tube cathodique, il cuira doucement et restera toujours chaud, permettant d'alimenter la famille au gré de ses besoins)
- une statue de Pascal grandeur nature (qui sera particulièrement bienvenue quand une émission parlera de Pascal)

« Il était une fois trois filles superbes qui avaient décidé de s'engager dans la police... » Jill, Sabrina, Kelly entrent dans la bagarre. Attention danger... mais Bosley veille...

Vous n'aimez pas l'objet

(12 % des usagers)

Vous trouvez le récepteur particulièrement laid et encombrant et, accessoirement, vous vivez dans un milieu où il est de règle de prétendre qu'on ne regarde jamais la télé (3%). En réalité, vous ne pouvez pas vous en passer, mais vous avez honte de l'admettre et vous devez le faire en cachette. La solution consiste à intégrer l'appareil à votre environnement pour qu'il reste indécelable.

Quelle télé choisir ?

- Achetez 14 télés Sony que vous disposerez l'une à côté de l'autre en deux rangées. Posez devant tous les interrupteurs et boîtiers de commande que vous trouverez. Disposez dessus des cendriers faits de boîtes de film. Votre salon ressemblera à s'y méprendre à une régie de télévision, dans laquelle votre téléviseur passera complètement inaperçu.
- Achetez 52 télés de toutes tailles que vous entasserez contre un mur, dans n'importe quelle position, réglées sur n'importe quoi. Vous obtiendrez une magnifique sculpture cinétique de Nam June Paik, au sein de laquelle nul ne pourra repérer votre téléviseur personnel.
- Installez votre télé chez le voisin et faites-vous inviter à chaque fois qu'un programme vous intéresse.
- En plus de la télé, achetez une caméra, filmez le mur derrière le téléviseur et passez la bande en boucle. Sur l'écran de la télé, les gens verront le mur et ne se douteront pas de la présence du récepteur.
- Achetez un appareil à fabriquer les nouilles fraîches à la place d'une télé. Cet appareil ne reçoit aucune chaîne, mais sa configuration industrielle complexe en fait un objet esthétiquement intéressant.

Où la placer ?

Vous préférerez des emplacements inédits et discrets :

- dans le frigo
- sous l'évier
- sous le paillasson
- vissée au plafond
- attachée au balcon suspendue dans le vide
- entièrement démontée, dispersée dans les tiroirs et sous les meubles (inconvénient : il faut la remonter à chaque fois qu'on veut la regarder)

Ainsi, même s'ils découvrent par hasard l'instrument de votre passion coupable, vos amis admireront votre originalité, et si vraiment ils ne vous trouvent aucune excuse, dites : "Je ne comprends pas ce qu'elle fait là. Quelqu'un a dû la déposer en mon absence."

(Si vous avez acheté l'appareil à fabriquer les nouilles fraîches, placez-le dans le salon à l'emplacement normal de la télévision.)

Comment la décorer ?

Mettez dessus un Cézanne authentique ou une vraie sculpture de Giacometti, la télé deviendra un présentoir people que tout le monde vous enviera.

Collez sur l'écran une cible de fléchettes. Tout en jouant aux fléchettes avec vos amis, vous pourrez, mine de rien, regarder une partie des programmes.

L'appareil à fabriquer les nouilles fraîches ne nécessite aucune décoration particulière, faites-le juste fonctionner et invitez vos amis à manger des nouilles.

LE PLUS TERRIBLE... C'EST LA SOLITUDE...

Le cocooning pour SDF

Le fait d'être SDF ne doit pas vous priver des plaisirs du cocooning, quelques petites astuces vous permettront vous aussi de vous prélasser des jours entiers devant l'écran.

- Choisissez un trottoir devant un magasin d'électroménager dont les téléviseurs restent allumés tardivement, réglés sur votre chaîne préférée (plutôt Darty pour TF1 et France Télévision, Conforama pour M6, la FNAC pour ARTE et les satellites)
- Comme cartons, choisissez exclusivement des emballages Sony ou Toshiba, en utilisant les matériaux de calage à bulles comme coussins.
- Le plateau-TV est l'accessoire essentiel du cocooneur, ne transigez pas : les plateaux-repas du Samu social sont beaucoup plus pratiques et festifs que ceux de l'Armée du Salut.
- Si les flics viennent vous virer, menacez-les de vous plaindre au CSA.

Comment regarder la télé tranquille

Ce n'est pas le tout de disposer d'une installation parfaite et d'un confort optimum, encore faut-il pouvoir en profiter sans perturbation : pour cela, il convient de pallier les nuisances habituelles qui menacent votre concentration. Voici quelques méthodes simples pour régler facilement chaque problème, dans l'ordre de proximité :

☛ La bande de jeunes qui fait du bruit en bas dans le parking

La méthode classique, couramment pratiquée, est de tirer dessus au hasard à la 22 LR. Comme le prouve l'expérience, elle donne de bons résultats. Vous les verrez se disperser comme une volée de moineaux et ils ne reviendront pas de la soirée.

☛ Votre voisin, qui écoute la télé aussi fort que vous mais pas sur la même chaîne

Par lettre anonyme, dénoncez-le comme pédophile. Avec les ennuis qu'il va avoir, il n'aura plus le cœur de regarder la télé.

☛ Votre chien, toujours à gueuler, surtout à cause des coups de 22 qui l'ont surexcité

Empoisonnez-le. De toute façon, il ne vous servait plus à rien et il y a toujours d'excellents documentaires sur les chiens sur les chaînes du câble, comme Animaux ou Odyssée.

☛ Vos enfants, qui veulent regarder une autre chaîne, ou qui braillent parce que vous avez tué le chien

Enfermez-les dans leur chambre sans les nourrir. Au début, leurs cris vous dérangeront un peu, mais bientôt les flics venus enquêter sur le voisin les entendront et les placeront à la DDASS, où ils pourront regarder la chaîne qu'ils veulent.

☛ Votre conjoint

La télé ne rend plus la présence de votre conjoint indispensable (vous avez d'excellents programmes de substitution sur Canal + et M6). Arguez de l'abandon des enfants pour entamer une procédure de divorce.

☛ Vous-même

Des maux internes insignifiants comme acidité gastrique ou aérophagie peuvent à la longue vous perturber aussi sûrement que votre entourage. Supprimez-vous (avec la 22 ou le restant du poison du chien), en ayant soin de prévenir Médiamétrie pour ne pas fausser les statistiques.

JE SUIS PAS "COOL".

...PARCE QUE DES FOIS, ILS VIENNENT EN FAMILLE.
CRONCH
CRONCH
CRONCH
CRONC
ET ILS SONT COMME À LA MAISON, PAREILS.
J'AIMERAIS POUVOIR REGARDER MON FILM EN PAIX !
VICTOR, TU TE TIENS TRANQUILLE !
ET LÀ... LÀ, VOUS SAVEZ ! QUE VOUS N'AVEZ PLUS D'AUTRE CHOIX...
?
... QUE CELUI DE L'AGONIE.
NON JE T'AI DIT : ICI ON PEUT PAS ZAPPER !
TU M'EMMERDES À LA FIN !
UNE FOIS POURTANT, UNE FOIS... J'AI CRAQUÉ.
CHÉRIE, J'AI TA MÈRE SUR MON PORTABLE... TU LA PRENDS ?
EH-HO, VOUS Z'ÊTES PAS DEVANT VOTRE TÉLÉ, ICI !
?
MAIS C'EST TROP TARD. LE MAL EST DÉSORMAIS IRRÉVERSIBLE.
NON MAIS !
C'EST VRAI QUOI, À LA FIN !
CHÉRIE, TU M'ENVOIES UNE MOUSSE ? IL EN RESTE DANS LA GLACIÈRE.
SNIF
INEXORABLE ET INSIDIEUSE, LA TÉLÉ A GAGNÉ ET RÈGNE SANS PARTAGE.
BON, JE VAIS SORTIR LE CLEBS CINQ MINUTES...
WOF.
POUR LA "SPÉCIALE STROMBOLI" !... C'EST VOUS QU'AVEZ COMMANDÉ ?
HEP ! PAR ICI !
C'EST POUR NOUS !
FAST PIZZA en 30mn
JE VAIS MAINTENANT PROFITER DE L'AUDIENCE QUE RECUEILLENT CES PAGES AUPRÈS DES BOUFFEURS DE POP-CORN POUR LEUR DIRE...
MPF MPF
VOUS ÊTES LA RACLURE QUI NAPPE LE FOND DES CHIOTTES...
...ET À CE TITRE...
... JE VOUS CHIE DESSUS.
TUP TUP
PUUUTAIN. ÇA FAIT DU BIEN.
D'ÉVACUER TOUT ÇA, ON SE SENT COMPLÈTEMENT SOULAGÉ...
... DU PYLORE JUSQU'AU RECTUM.
C'EST UN VRAI PRIVILÈGE DE POUVOIR LE FAIRE DEVANT UN PUBLIC SI NOMBREUX.
C'EST POURQUOI, JE DOIS REMERCIER LA DIRECTION DU JOURNAL DE M'AVOIR OFFERT CETTE TRIBUNE SALUTAIRE.
?
MERCI CHEF !
BELLE IDÉE !
BIZZ
BERK
!
?
PUM
Gaudelette 97.

Les familles de téléspectateurs

Selon les rapports qu'ils entretiennent avec leur télé, les usagers de la télévision se répartissent dans des catégories bien distinctes de téléspectateurs-types.

➡Le technicien

Doté de quatre antennes paraboliques, du câble, des derniers modèles de téléviseurs et de magnétoscopes reliés à son ordinateur, le technicien reçoit 200 chaînes en stéréo haute définition qu'il ne regarde jamais, car ce qui l'intéresse, c'est la variété infinie des branchements et connexions entre les appareils. D'ailleurs, sa télé est toujours tournée vers le mur car il trouve le dos du téléviseur avec ses panneaux de prises bien plus intéressant que l'écran.

À la question "Qu'avez-vous regardé hier soir ?", il répond :
– Une transmission numérique géniale en 50 hertz 615 lignes sur quatre faisceaux simultanés relayés en zénithal par le satellite MC2Z avec une balance de luminance inversée.

➡L'intime

La télé fait partie de sa famille. Il connaît mieux la vie privée des présentateurs et des vedettes que celle de ses frères et sœurs. Il vit au rythme de leurs amours, vibre de leurs succès, pleure de leurs moindres déboires. Il connaît leurs goûts vestimentaires, leurs plats préférés, l'endroit où ils passent leurs vacances. Il est dévoré d'angoisse à cause du chômage qui menace son animateur favori, tandis que les tourments de son fils drogué, les ennuis de santé de sa fille et l'infidélité de son conjoint lui passent totalement inaperçus.

À la question "Qu'avez-vous regardé hier soir ?", il répond :
– J'ai vu la nouvelle cravate de Bruno Masure, c'est celle que lui a offerte une amie du frère de sa femme dont la nièce l'a dragué en boîte l'été dernier, mais elle ne va pas avec le teint pâle qu'il a en ce moment à cause des médicaments qu'il prend pour son cholestérol.

➡Le professionnel frustré

Il regarde la télé du matin au soir, le cœur gonflé d'un seul espoir : en être. Pour lui, l'unique existence possible c'est de l'autre côté de l'écran, seul un acharnement vicieux du mauvais sort ne lui a pas permis d'y travailler. Candidat à tous les jeux, spectateur de toutes les émissions en public, à l'affût de tous les micro-trottoirs, participant à tous les concours, toutes les occasions lui sont bonnes pour franchir les seuils des chaînes. Si un éventuel passage dans une quelconque émission l'inonde de félicité suprême, il n'en constitue pas moins à ses yeux qu'une étape vers le passage suivant.

À la question "Qu'avez-vous regardé hier soir ?", il répond :

– J'ai regardé M6 toute la soirée. J'avais trouvé une bonne place juste en face, de l'autre côté du boulevard. Les derniers étages se sont éteints vers 23h, la lumière a brillé toute la nuit dans le bureau des dirprod et les gardiens ont fermé les portes à 1h30.

Elle voit souvent rouge, avec elle ça bouge... Tout feu tout flamme, Maguy (Rosy Varte) mène le bal à la maison devant un Georges (Jean-Marc Thibault) éberlué... Que les connaisseurs se rassurent, Pierre (Henri Garcin) et Rose (Marthe Villalonga) sont de la fête.

➡Le symbiotique

Chez lui, la télé est allumée en permanence, sans égard aux heures ou aux activités, avec une probabilité favorable pour TF1. Mais quelle que soit la chaîne, le volume est toujours réglé à fond. Ce qui offre pour lui de nombreux avantages :

1. Toute discussion étant impossible, il n'a pas à faire face aux assommantes contraintes de la vie familiale (conversations, problèmes des enfants, récriminations du conjoint, questions d'argent, etc.).

2. Cette catégorie habitant préférentiellement en HLM, c'est le seul moyen de ne pas entendre la télé des voisins, symbiotiques eux aussi, et ce, même si leur télé est vraisemblablement réglée aussi sur TF1.

3. Lorsque passent des bribes de programmes intéressants, on est sûr de ne pas les rater.

À la question "Qu'avez-vous regardé hier soir ?", il répond :

– Parlez plus fort, j'ai rien entendu !

➜ *Suite p 31*

Souvenirs d'enfance (ou presque !)

bon! maintenant, ferme les yeux! y a une surprise!
?
tu peux les rouvrir!
houaiais une télévision!
ZZ
dis, maman! je pourrai regarder la télé, ce soir après l'étude?
oui mon chéri si tu as fini tes devoirs!
RADIOLO
pichon.

➡Le désinvolte

La télévision ne semble pas avoir plus d'importance pour lui qu'une étagère ou un sac-poubelle. C'est un vrai tas de boue, mal réglée, au son approximatif, parfois recouverte d'assiettes ou de vêtements, ce qui ne l'empêche pas de rester allumée du matin au soir. Souvent, pour changer de chaîne, son propriétaire tape dessus, et s'il n'arrive pas à capter la chaîne qui passe son match de foot, il regardera avec la même attention et sans contrariété un débat politique ou la mire.

À la question "Qu'avez-vous regardé hier soir ?", il répond :
– Une émission super qui s'appelle la Roue des chiffres de l'Okavango de minuit sur Santa Barbara, mais c'était un peu confus, surtout vers la 2e mi-temps.

➡Le paradoxal

Il n'arrête pas de protester avec la dernière énergie contre l'indigente niaiserie des programmes, la complète nullité des émissions, mais il regarde la télé 24 heures sur 24, ce qui ne fait qu'augmenter son indignation exaspérée contre les gens qui sont esclaves d'un tel ramassis de

À la question "Qu'avez-vous regardé hier soir ?", il répond :
– Une sombre merde, le 25e épisode d'un ridicule feuilleton débile, et je suis sûr que le 26e sera encore plus nul.

➡Le méthodique

Il achète la totalité des journaux de programmes TV qu'il passe 48 heures à éplucher et analyser pour sélectionner ce qu'il va regarder la semaine suivante. Il visionne chaque émission avec un calepin pour prendre des notes et écrit de longues missives aux chaînes pour protester contre la moindre minute de retard ou se plaindre de ce que le deuxième machiniste adjoint d'un feuilleton télé soit moins bon que le précédent. À l'aide de ses quatre magnétoscopes (dont le mode d'emploi recopié en gothique est scotché sur le couvercle), il enregistre ses émissions à la seconde près, et les classe dans une magnétothèque digne des archives du Muséum.

À la question "Qu'avez-vous regardé hier soir ?", il répond :
– Rien. Il a fallu que j'attende le début de mon film à 20h47

pour enregistrer mon documentaire de 21h52, ce qui m'a permis de constater que le sigle de F3 est décalé de 2mm à gauche par rapport à d'habitude, j'ai passé la soirée à recopier le générique (en cursive romane) pour le coller sur la jaquette de la cassette n° A 54 ter où il me restait juste 23 minutes de libres.

➜ *suite p 32*

➡ L'opposant

Irréductiblement hostile à la télévision et à tout ce qui s'y rapporte, il mène une vie épouvantable pour épargner à lui-même et à sa famille le moindre rapprochement, même allusif, avec un tube cathodique. Il est obligé de se cacher au fond de l'Ardèche, dans une vallée inaccessible aux ondes hertziennes, sans électricité ni téléphone. La femme ne peut pas faire ses courses, les enfants ne vont pas à l'école, ce qui évidemment incite les équipes de télévision à mener une traque incessante pour arracher une interview à un personnage aussi rare que symbolique.

À la question "Qu'avez-vous regardé hier soir ?", il répond :
– Allez-vous-en ! Laissez-moi tranquille ! Détachez-moi ! Au secouuuuuurs !

LES CAS PARTICULIERS

Certains téléspectateurs sont seuls dans leur catégorie, comme le montrent les cas suivants :

M. S. Ménard, d'Arras, est le seul téléspectateur qui soit ravi quand on annonce à la dernière minute une intervention du président de la République à la place de son film.

M & Mme P. Gion, de Cahors, constituent le seul couple de téléspectateurs à être sexuellement excités par les présentations d'Alexandre Adler sur ARTE.

M. J. Gorbert est le seul homme à ne pas être sexuellement excité par Laure Adler.

M. S. Ezkhaz, de La Rochelle, est le seul téléspectateur assidu à n'avoir pas vu une seule fois le visage d'Ophélie Winter dans les 6 derniers mois, toutes chaînes confondues.

M. P. Tchernia, de Paris, est le seul téléspectateur qui, ayant exclusivement passé sa vie d'un seul côté de la caméra, ignore même qu'il existe des récepteurs et qu'on peut regarder des choses dedans.

M. et Mme Klz%b'ZhZ, fans inconditionnels de la série X Files, apprenant que celle-ci s'arrêtait, se sont suicidés car c'était un véritable couple d'extraterrestres.

M. Marcel G., de Paris, utilise sa télé à 4% pour la regarder, et à 96% pour foutre son petit-fils Marius, ligoté et bâillonné, devant l'écran diffusant des cassettes de dessins animés, quand le môme vient l'emmerder en plein boulot.

M. L. Kowznowsky est l'ami intime de Lucien Rambert, assistant machiniste sur le journal régional F3-Nord-Picardie. Ce dernier lui envoie chaque jour la cassette du journal régional Nord-Picardie.

La ménagère de moins de cinquante ans s'appelle Ginette Duplantier (et non Deplantier, comme on la nomme souvent par erreur dans la presse spécialisée).

M. O. Burelier enregistre tous les bulletins météo d'Alain Gillot-Petré depuis la privatisation de TF1. Il en possède la collection complète, soigneusement rangée, classée et répertoriée, dans une cave maintenue à la température constante de 8°.

La petite S. Hagueneau (4 ans 1/2) est écroulée de rire en regardant le journal destiné aux malentendants. Elle croit que la dame qui traduit par gestes dans la petite lucarne se fout de la gueule de la présentatrice, derrière son dos.

Mme A. Jeanbier, qui est insomniaque, regarde la télé de son lit, ce qui l'aide à trouver le sommeil. Comme elle est zappomaniaque et ne possède pas de télécommande, elle est obligée de se lever toutes les 15 secondes pour aller zapper directement sur les boutons des chaînes. Mme Jeanbier n'a pas dormi depuis 1965.

Droits de réponse

Pédophiles en colère

Nous dénonçons ici l'incroyable attitude de TOUS les présentateurs des journaux télévisés sans exception, pour leur couverture des affaires dites de "pédophilie" en France et en Belgique. En effet, dans un amalgame scandaleux et avec une légèreté inadmissible, c'est l'ensemble des pédophiles qui sont ainsi montrés du doigt. Si, comme dans toute profession, il y a quelques brebis galeuses et que quelques bavures ont pu être constatées çà ou là, heureusement, l'immense majorité des pédophiles est composée de personnes tout à fait convenables, insérées dans la société, pères et mères de famille, et bien souvent allant à l'église. Les présentations qui ont été faites de cette activité pourtant ancestrale et conforme à la tradition constante de nos pays développés sont de nature à porter atteinte à notre image et à notre vie privée. Il me semble que votre journal devrait dénoncer ces soi-disant journalistes animés d'un sentiment antipédophile primaire...

Marc Troudu, Condom-sur-Baïse

Les émirs réunis du GIA

Nous, membres et émirs du GIA, protestons solennellement contre la présentation tendancieuse qui est faite de notre action en Algérie ces derniers mois. Contrairement aux conclusions émises à plusieurs reprises par les commentateurs des différentes chaînes, nos partisans ont bien fait leur travail. Toutes les normes musulmanes d'hygiène et de préservation de l'environnement ont été respectées : limitation du bruit nocturne par le refus des armes à feu, utilisation de lame propre à chaque égorgement, mains lavées avant et après l'opération, port du voile obligatoire pour les femmes violées, brebis tondues avant utilisation, etc. Avec des résultats patents : chute spectaculaire des cas de tétanos en Algérie, diminution radicale du nombre des victimes de pédophiles, sommeil paisible (notamment dans les gendarmeries de garde), boom des naissances en milieu ovin, etc. Alors, n'exagérons pas...

Au nom d'Allah le miséricordieux, cheikh Djemil Assourdinh

Inspecteur Raquette

Les affirmations attentatoires à mon honneur proférées lors de plusieurs émissions ont passé les bornes. Jamais je n'ai demandé quelque somme que ce soit à qui que ce soit dans le cadre de ma profession de policier. C'est une honte de me soupçonner. Je porte plainte contre X et je réclame immédiatement une somme de 600 000 000 000 F de dommages et intérêts à mes calomniateurs. Je n'arrêterai la procédure que si ceux-ci font un effort de compréhension : que X prenne contact avec moi au n° 123456 BNP 12, au Crédit Lyonnais, coffre accessible sous l'intitulé "Johnny".

Inspecteur Raquette

Amicale des chauffeurs alcooliques

Nous ne sommes pas... hic... d'ac... d'accord... avec l'émission sur l'eau ferrugin.. lineuse, sur France 2. Ni avec les... hic... pubis... pubis... pubissités qui passent et rep... repassent tout le temps à la télé...eurp... qui montrent des gens en...hic... train de boire de l'euh... de l'eau... de l'eau. Si tous les gens y beuvent de l'eau... eh ben nous, sur la route, on peut pas les éviter... c'est pour ça... on est contre... Faut y dire...

Paulo-les-gros-bras, de l'A 32

p.c.c. Yves Frémion

Apprenez à zapper

Cagney (Sharon Gless) & Lacey (Tyne Daly)

Il est très dangereux de se lancer dans le zapping sans préparation. Vous risqueriez de graves problèmes musculaires, tant pour les doigts que pour les yeux.
Il est important d'abord que votre doigt et toute votre main soient entraînés régulièrement pendant quelques semaines. Vous pouvez simuler le zapping sur des télécommandes sans piles, par exemple. Une fois vos articulations et vos muscles préparés, il faut chauffer le doigt afin qu'il acquière la souplesse nécessaire à un zapping de qualité. Par exemple, trempez préalablement le doigt dans un liquide ou une préparation tiède : potage, thé, mayonnaise, vaseline, vin chaud-cannelle, vulve en folie, eau de refroidissement de centrale nucléaire, etc.

Sonny Crockett et Ricardo Tubbs et leurs hallucinants costumes année 80. super branchés.

Pour les yeux, le meilleur entraînement est de lire beaucoup de livres.
Une fois prêt, choisissez une télécommande qui marche : trop de zappeurs se sont fait avoir ainsi, pour avoir opté pour du mauvais matériel. Munissez-vous ensuite d'un excellent magazine télé, dont les annonces correspondent aux programmes effectivement diffusés, ce qui est rare sur le marché. Faites vos choix pour la semaine et... en avant !
Un bon zappeur est capable de regarder la TV pendant 24 heures sans discontinuer, ceci sans rester plus d'une minute sur la même chaîne. La résistance à la séduction des émissions est très délicate : de plus en plus, pour éliminer les zappeurs, les chaînes ne reculent devant aucune bassesse, jusqu'à programmer parfois de bons films, voire des téléfilms bien foutus — on a même vu il y a six mois une émission-plateau qui avait invité des intervenants passionnants sur un thème intéressant que l'animateur connaissait et qui déboucha sur une émission passionnante de bout en bout. Convenons qu'à ce stade de démagogie, on ne peut plus lutter !
NB : il est essentiel, avant de se lancer dans une soirée-zapping, de vérifier l'état des piles.

Yves Frémion

Brett Sinclair (Roger Moore) & Dany Wilde (Tony Curtis). Notre duo de charme se retrouve mêlé à une bien étrange affaire... Action et humour sur la Promenade des Anglais...

CADEAU arte

Intellectuels, n'ayez plus honte de regarder TF1 ou ABsat !
Grâce à ce sigle perpétuel que vous collerez en haut à droite de votre écran, vos amis arrivés à l'improviste vous surprendront toujours en train de regarder ARTE, et vous aurez droit à leur respect. (S'ils s'étonnent de voir du foot ou Philippe Bouvard sur ARTE, expliquez-leur qu'il s'agit d'une émission d'exégèse audiovisuelle.)
Mode d'emploi : découpez suivant les pointillés et collez en haut à droite de votre écran.
Même la neige en l'absence d'émission, ou même la télé éteinte deviendront des grands moments de culture!

Faites votre programme vous-même

Cette fois-ci, vous êtes fauché à mort. La Câblarnac Compagnie vient de résilier votre abonnement pour non-paiements répétés. Il ne vous reste plus que les chaînes minables d'autrefois, qui se ressemblent toutes et repassent les mêmes films tous les six mois. Il y a mieux à faire !

Les huissiers ont renoncé à saisir votre magnétoscope, trop ancien, mais il marche. Il vous reste une vieille cassette vidéo avec dessus ce documentaire passionnant sur les chapelles romanes abandonnées dans le Lubéron. Effacez-le. Vous voilà prêt à réaliser vous-même votre programme. Voici quelques exemples de ce que vous pouvez filmer avec la caméra offerte par tante Huguette que l'oncle Léon a oubliée chez vous à Noël.

Reportage animalier : Moumoune la chatte dort sur le canapé (pas plus de 3 minutes) ; Moumoune attrape sa souris en caoutchouc et celle-ci répond : "Couic" (vous pouvez augmenter le suspense en filmant depuis le sol, avec la souris en gros plan) ; Gino le canari chante le matin (nécessite une longue attente depuis l'aube) ; Moumoune et Gino discutent à l'infini du dernier livre de Bougrain-Dubourg et du dernier Tarantino.

L'invité du jour : madame Boursier, concierge, répond à toutes vos questions sur les délais pour le loyer et à vos interrogations quant aux dégradations dans la cage d'escalier. N'oubliez pas de lui couper la parole dès qu'elle ouvre la bouche, pour poser une question qui n'a rien à voir avec la précédente.

Météo : par Amandine Delarbre, voisine du dessus, dont les rhumatismes sont infaillibles.

Le porno de M6 : la difficulté est de jouer vous-même le bellâtre pendant que Gisèle vous suce (demander à votre fille Daphné de filmer poserait en effet un problème de déontologie). Un plan suffisamment général vous permet de bouger un peu sans sortir du cadre. Les changements de plan n'aident pas à maintenir une érection, il est donc prudent de filmer quelques gros plans avant l'action proprement dite.

La liberacion des mujeres del Honduras al XVIIe secolo (en bilingue franco-allemand) : par chance, ce sujet de Arte, qui ne dure que 5 heures, ne consiste qu'en un seul gros plan d'une mégère hurlant en dialecte hondurien ; pour les sous-titres en allemand, reprenez le texte de la Suddeutsche Allgemeine Zeitung oubliée l'an dernier par un touriste et qui emballait vos poireaux.

Journal télévisé : vous-même, en gros plan, filmé par Gisèle, lisez le Figaro du jour en haussant les épaules d'un air dubitatif.

Pube : toutes les 30 secondes, vos émissions doivent être interrompues par environ deux minutes de publicité, pour toutes les marques présentes dans votre appartement. Mêlez harmonieusement les produits contenus dans votre réfrigérateur avec ceux de votre penderie, ceux de vos placards à balais avec les appareils informatiques, etc. À raison de 10 pubes par coupure, vous pourrez tenir deux ans au moins. Aucun son et assombrissez l'image, le subliminal est plus efficace.

Montez ensuite le tout dans n'importe quel ordre, à raison de

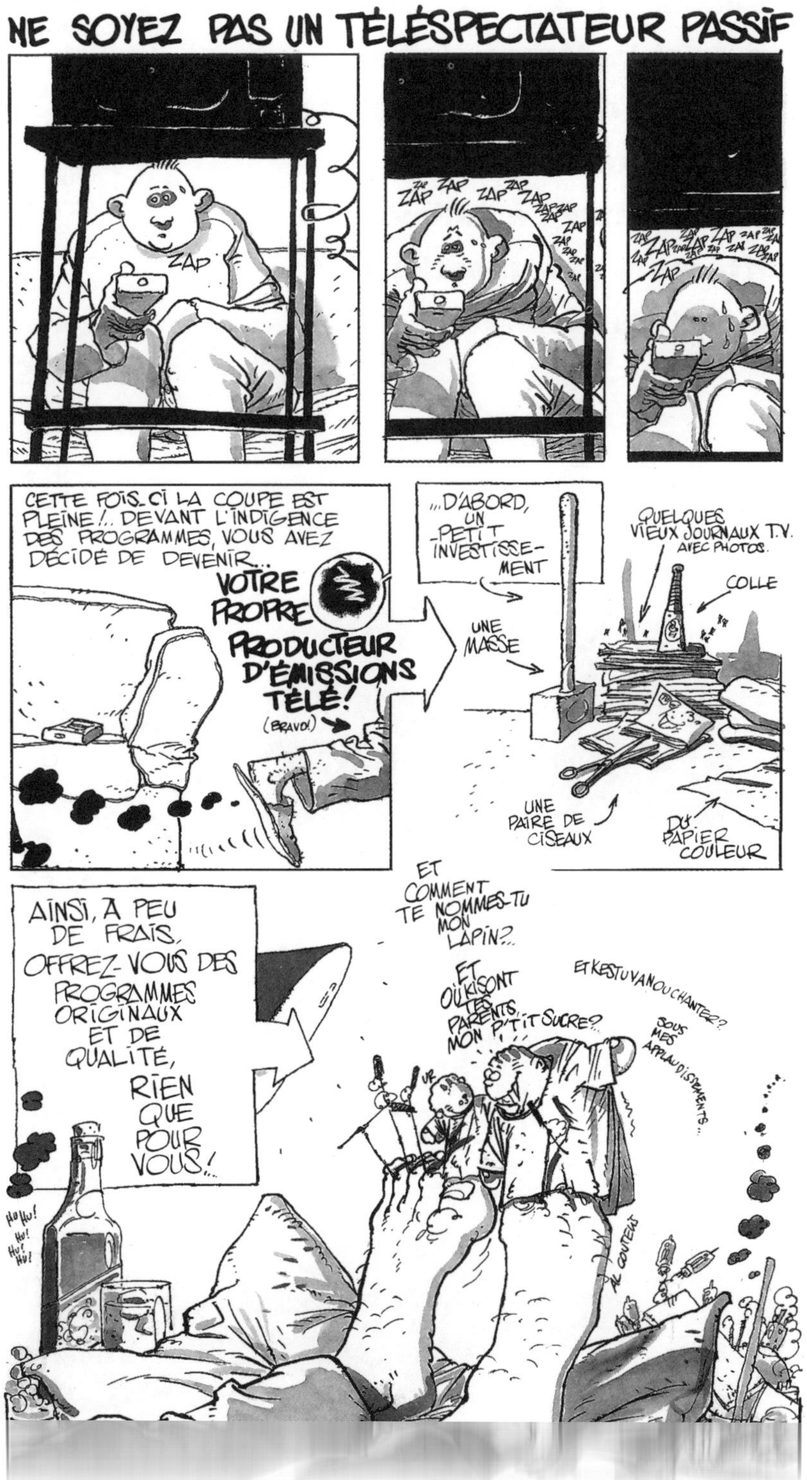

Les dégâts de la télé la preuve

L'influence de la télévision est catastrophique sur l'éducation des enfants, en voici la démonstration. L'Institut des Hautes Études Pédagogiques a posé à deux enfants de milieux différents des questions de culture générale.

INTERROGATOIRE ENFANT A

L'enfant A regarde la télé 12 heures par jour. Pour tenir compte de son retard scolaire, on ne lui pose que des questions à sa portée.

QUESTIONS	RÉPONSES
Quel est ton écrivain préféré ?	Dorothée
Qui est le premier homme à s'être élevé dans les airs ?	David Copperfield
Cite une émission littéraire célèbre où l'on invite des grands écrivains.	Ça se discute
Quelle boisson tirée du raisin est appréciée des gastronomes français ?	Le Coca-Cola
Quel célèbre cinéaste, gros et barbu, a réalisé Citizen Kane ?	Carlos
Quel savant a trouvé E=MC2 ?	Dragon Ball Z

sur les enfants :

INTERROGATOIRE ENFANT B

L'enfant B regarde la télé 1 heure par mois.
Les questions qu'on lui pose sont plus complexes en raison de son avance scolaire.

QUESTIONS	RÉPONSES
Quelle jeune comédienne jouait le rôle de la caissière dans l'Amour en fuite de François Truffaut ?	Dorothée
Quel célèbre roman de Charles Dickens a été écrit en 1849 ?	David Copperfield
Es-tu d'accord avec l'antériorité de la phylogenèse sur l'ontogenèse ?	Ça se discute
Que fabrique-t-on avec la formule CO2H4 +, le composant XK2 et des herbes aromatiques ?	Le Coca-Cola
Quel est le fils de la psychanalyste Françoise Dolto ?	Carlos
Quelle créature mythologique crachait des flammes ? Comment dit-on "ballon" en anglais ? Quelle est la dernière lettre de l'alphabet ?	Dragon Ball Z

Conclusions : elles sont éclatantes. On s'aperçoit que l'enfant A ne donne que des réponses lamentables imprégnées de culture télé et souffre d'une ignorance dramatique, alors que l'enfant B donne à chaque question une réponse aussi brillante que précise.

POURQUOI POUR LA PUB DES SERVIETTES PÉRIODIQUES LES RÈGLES SONT BLEUES ?
SÉGUÉLA DOIT VIVRE AVEC UNE SCHTROUMPFETTE !
TIGNOUS

de plus en plus intello !
PAPA !
METS-MOI LES 2BE 3 SUR LA UNE !
TU PEUX RÉPÉTER LENTEMENT ?
LEFRED-THOURON

PAL... AVEC DES VRAIS MORCEAUX DE BRUITS DEDANS !

Vie pratique

Réparez votre télé vous-même

En cas de panne, la complication extrême des téléviseurs modernes vous oblige maintenant à avoir recours à un spécialiste aux prix exorbitants qui vous fera payer cher votre ignorance. Or, avec un peu d'astuce et un outillage élémentaire, il est en réalité facile de réparer sa télé à peu de frais.

Outillage nécessaire: un bon marteau, un tournevis, un rouleau de scotch, une burette d'huile, un matelas.

VOUS ALLUMEZ LA TÉLÉ ET ...	LE DIAGNOSTIC	LE REMÈDE
Il n'y a pas d'image, il n'y a pas de son	Votre télé n'est pas branchée ou vous n'avez pas de télé	Branchez-la ou achetez-en une
Il n'y a pas d'image mais il y a du son	Le contraste est mal réglé ou vous regardez un film de Marguerite Duras	Réglez le contraste ou changez de chaîne
L'image est instable, saccadée et floue	Ce n'est pas une panne, c'est une émission de Christine Bravo	Changez de chaîne
C'est pareil sur les autres chaînes	C'est que son émission passe sur toutes les chaînes	Allez vous coucher
L'image est bonne mais le son chuinte et pleure	Ce n'est pas une panne, c'est un récital de Francis Lalanne	Chantez en même temps, mais plus fort
La télé vibre, émet un ronronnement régulier et envoie un souffle d'air chaud	Vous n'utilisez pas une télé mais un sèche-cheveux	Aérez bien la racine et terminez avec un léger nuage de laque
Depuis deux heures, l'écran ne passe qu'une image fixe de lait, d'œufs et de filets de cabillaud	Pour une raison mystérieuse, vous êtes assis depuis deux heures devant votre frigo	Jetez tout à la poubelle et retournez faire des courses
Vous voyez des poissons rouges, des toasters et des éléphants roses	Vous êtes bien devant un écran mais c'est celui de votre ordinateur	Vous êtes bourré. Éteignez tout et allez vous dessoûler avec de l'Alka-Seltzer et du café très fort
L'écran est noir avec un trait horizontal	C'est grave. S'il ne s'agit pas d'une idée de générique géniale, c'est que votre télé va imploser	Cachez-vous derrière le matelas. Si, au bout de deux heures, il ne s'est rien passé, il s'agissait bien d'une idée de générique géniale
Jacques Chancel dit quelque chose d'intéressant	C'est encore plus grave. Votre télé bascule dans un univers parallèle et on ne peut en prévoir les conséquences	Éloignez votre famille, rédigez vos dernières volontés et partez dans un monastère tibétain
L'image passe à l'envers, la télé fume et envoie des étincelles	C'est une vraie panne	Ouvrez le panneau arrière avec le tournevis, tapez sur ce qui brûle avec le marteau, réparez ce qui fume avec le scotch, graissez le reste
Je suis allongé par terre, tétanisé dans un état de coma profond	Vous avez oublié de débrancher la télé avant d'ouvrir le panneau arrière	Téléphonez au Samu
Le téléphone n'enregistre pas le numéro et n'émet aucune tonalité	Votre téléphone est en panne	Achetez le Guide Fluide Glacial du Téléphone et trouvez la rubrique

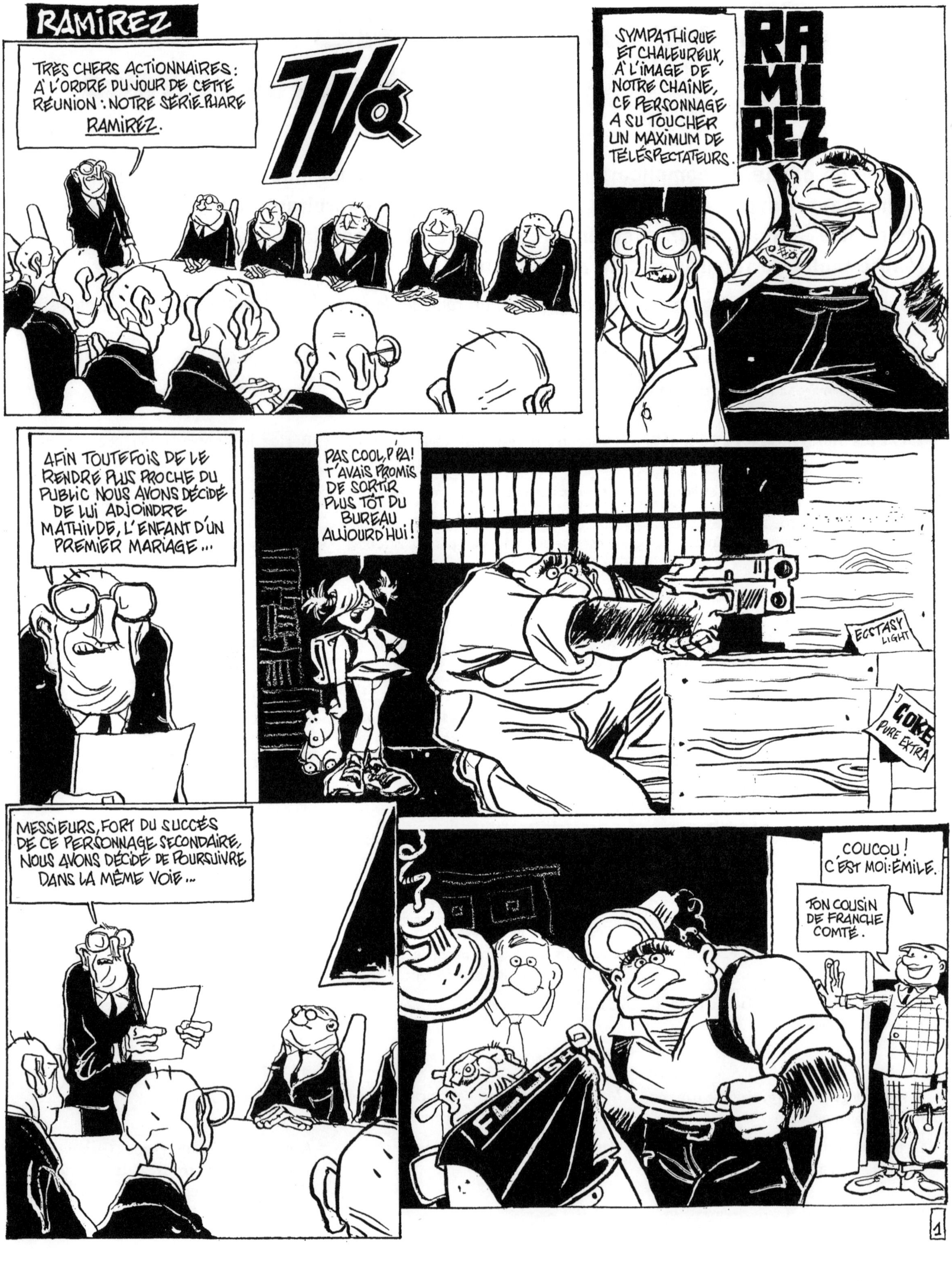
RAMIREZ
TRÈS CHERS ACTIONNAIRES : À L'ORDRE DU JOUR DE CETTE RÉUNION : NOTRE SÉRIE PHARE RAMIREZ.
TVQ
RAMIREZ
SYMPATHIQUE ET CHALEUREUX, À L'IMAGE DE NOTRE CHAÎNE, CE PERSONNAGE A SU TOUCHER UN MAXIMUM DE TÉLÉSPECTATEURS.
AFIN TOUTEFOIS DE LE RENDRE PLUS PROCHE DU PUBLIC NOUS AVONS DÉCIDÉ DE LUI ADJOINDRE MATHILDE, L'ENFANT D'UN PREMIER MARIAGE...
PAS COOL, P'PA ! T'AVAIS PROMIS DE SORTIR PLUS TÔT DU BUREAU AUJOURD'HUI !
ECSTASY LIGHT
COKE PURE EXTRA
MESSIEURS, FORT DU SUCCÈS DE CE PERSONNAGE SECONDAIRE, NOUS AVONS DÉCIDÉ DE POURSUIVRE DANS LA MÊME VOIE...
COUCOU ! C'EST MOI : ÉMILE.
TON COUSIN DE FRANCHE COMTÉ.
FLUSH
1

PAR AILLEURS NOUS PENSONS ENCORE AMÉLIORER L'AUDIENCE EN AXANT DAVANTAGE LA SÉRIE SUR LES PROBLÈMES SOCIAUX ACTUELS.
JE VEUX DIRE LA VIOLENCE DANS LES BANLIEUES C'EST AUSSI LA PERTE DU SENS DE L'ACTION COLLECTIVE. AU NIVEAU D'UN CERTAIN ENGAGEMENT POLITIQUE, TU VOIS ?
FLUSH
BEN OUAIS, EXACTEMENT COMME LA DÉSERTIFICATION DES CAMPAGNES ALORS QU'IL SUFFIRAIT DE PLANTER PLUS DE CRESSON.
D'ACCORD, MAIS POUR MOI TOUS CES CAS DE PÉDOPHILIE CONSTITUENT UN SIGNAL GRAVE.
ENFIN, DERNIER PETIT DÉFAUT À ÉLIMINER DANS RAMIREZ : LA VIOLENCE DONT J'APPRENDS À L'INSTANT QU'ELLE N'A PLUS LA FAVEUR DU PUBLIC.
CROYEZ-MOI, RAMIREZ, CE MÉTIER A CHANGÉ. TOUTE CETTE VIOLENCE N'EST PLUS POUR VOUS ET PUIS SONGEZ QUE VOUS AVEZ UNE FILLE ET UN COUSIN À CHARGE.
RAMIREZ ARROSE SES DAHLIAS
RAMIREZ FAIT SES COURSES
RAMIREZ SE FAIT UNE SOIRÉE TÉLÉ
ENFIN UNE SÉRIE QUI ABORDE LES VRAIS PROBLÈMES.

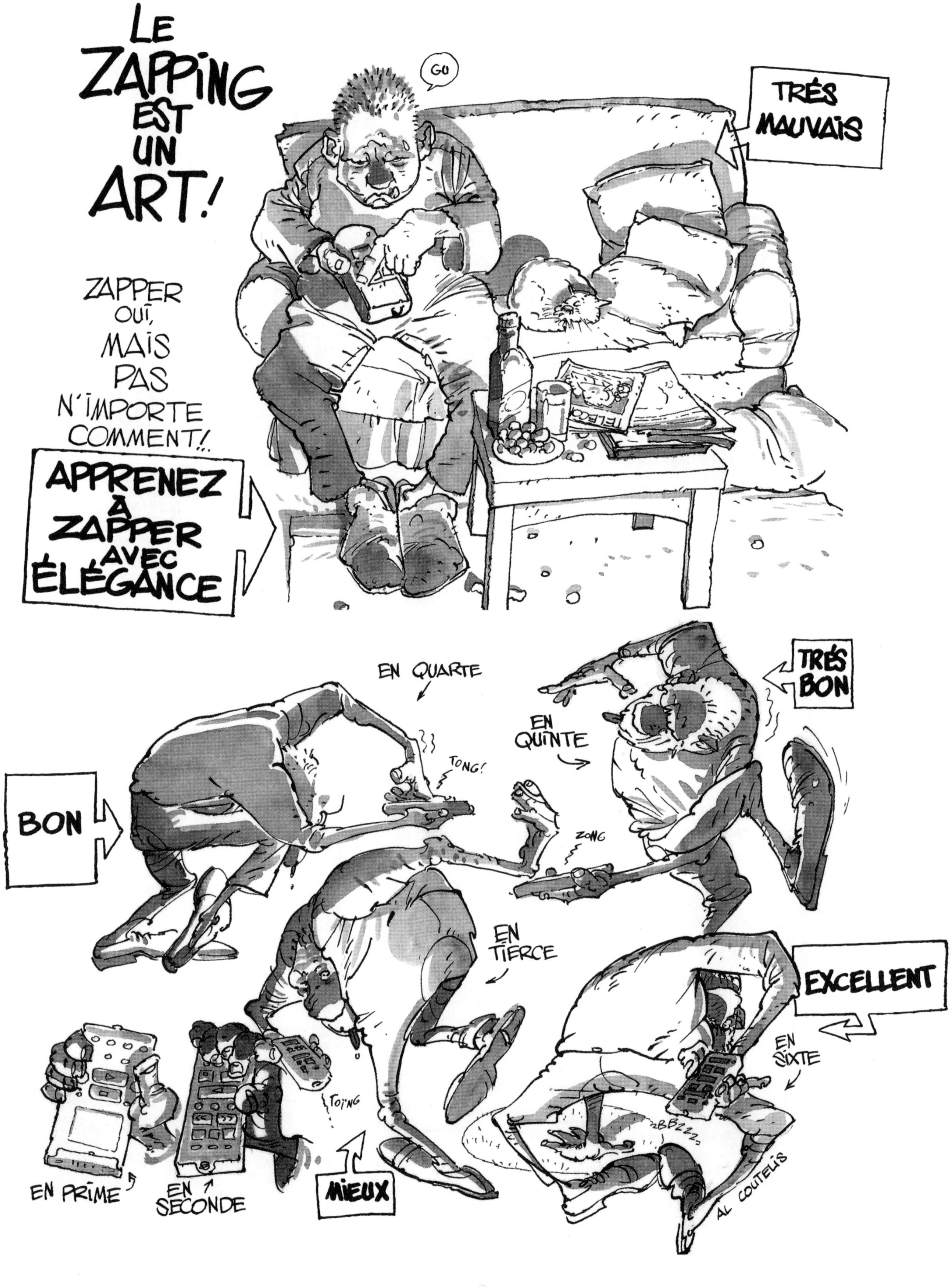

LE ZAPPING EST UN ART!
GO
TRÉS MAUVAIS
ZAPPER OUI, MAIS PAS N'IMPORTE COMMENT!..
APPRENEZ À ZAPPER AVEC ÉLÉGANCE
TELE
EN QUARTE
TONG!
EN QUINTE
TRÉS BON
BON
ZONG
EN TIERCE
EXCELLENT
EN SIXTE
TOING
ZBBZZZ
EN PRIME
EN SECONDE
MIEUX
AL COUTELIS

ENTREZ DANS L'ÈRE DE LA RÉVOLUTION DOMOTIQUE, RÉSERVEZ DÈS MAINTENANT

LA TÉLÉCOMMANDE ABSOLUE

TOUTES VOS TÉLÉCOMMANDES EN UN SEUL BOÎTIER !

Enfin le chef-d'œuvre de rationalisation que tout le monde attendait, finies l'invasion des boîtiers hétéroclites, les confusions fâcheuses, les pertes répétées : toutes les commandes à distance réunies sur un seul cadran, la simplification de votre vie.

MAIS ENFIN, QU'EST-CE QUI SE PASSE ? ÇA FAIT PLUS D'UN QUART D'HEURE QUE J'ESSAYE DE CHANGER DE CHAÎNE ET ÇA NE MARCHE PAS, BORDEL D'ÉTRON
QU'EST-CE QUE C'EST QUE CETTE TÉLÉCOMMANDE DE MERDE ? JE... JE VAIS RATER L'INSPECTEUR DERRICK
CHOCOLATS
EH, T'AS VU ÇA ? Y A PAPA QUI ESSAYE DE CHANGER DE CHAÎNE AVEC UNE TABLETTE DE CHOCOLAT
MIOM GROMCH CRAK
ALLÔ LA CHOCOLATERIE LE LOUPAIN ? JE VOUDRAIS VOUS SIGNALER QUE VOTRE CHOCOLAT A COMME UN ARRIÈRE-GOÛT DE PLASTIQUE
GROMCH CROK
GRANDE BARQUE
ÉDIKA

ENTREZ DANS L'ÈRE DE LA RÉVOLUTION DOMOTIQUE, RÉSERVEZ DÈS MAINTENANT

LA TÉLÉCOMMANDE ABSOLUE

TOUTES VOS TÉLÉCOMMANDES EN UN SEUL BOÎTIER !

Enfin le chef-d'œuvre de rationalisation que tout le monde attendait, finies l'invasion des boîtiers hétéroclites, les confusions fâcheuses, les pertes répétées : toutes les commandes à distance réunies sur un seul cadran, la simplification de votre vie.

LA TĒLĒCOMMANDE ABSOLUE

BON DE COMMANDE

TÉLÉCOMMANDE ABSOLUE, boîtier antichocs, alimentation 12 accus de 24 volts rechargeables (par télécommande) : ....32 659 F TTC
Frais de port (colis de plus de 50 kg) : ....1 544 F
(Retrait possible dans nos magasins (prévoir camionnette))
Nom .... Prénom .... Adresse ....
Code Postal .... Ville .... Pays ....

Options : Courroie de soutien en cuir molletonné : 349 F. Support à roulettes (télécommandé) : 1 399 F. Patron de couture pour intégrer sur les vêtements des poches de dimensions appropriées : 78 F. Télécommande pour télécommander la télécommande : en projet
Règlement par chèque manuscrit envoyé par courrier postal ou déposé par coursier à LA TÉLÉCOMMANDE ABSOLUE S.A. Zone industrielle, 92877 Ronvilliers.

LES CONSEILS TÉLÉ DE CATHODIC TCHERNIA

Pierre Tchernia, monsieur Télévision en personne, nous donne ses recettes pour bien vivre avec la télé.

MAIS ENFIN, QU'EST-CE QUI SE PASSE ? ÇA FAIT PLUS D'UN QUART D'HEURE QUE J'ESSAYE DE CHANGER DE CHAÎNE ET ÇA NE MARCHE PAS, BORDEL D'ÉTRON
QU'EST-CE QUE C'EST QUE CETTE TÉLÉCOMMANDE DE MERDE ? JE... JE VAIS RATER L'INSPECTEUR DERRICK
CHOCOLATS
EH, T'AS VU ÇA ? Y A PAPA QUI ESSAYE DE CHANGER DE CHAÎNE AVEC UNE TABLETTE DE CHOCOLAT
MIOM GROMCH CRAK
ALLÔ LA CHOCOLATERIE LE LOUPAIN ? JE VOUDRAIS VOUS SIGNALER QUE VOTRE CHOCOLAT A COMME UN ARRIÈRE-GOÛT DE PLASTIQUE
GROMCH CROK
ÉDIKA

18.00h
ALLÔ? MANU, C'EST LE CHEF. ON VA SORTIR UN GUIDE DE LA TÉLÉ ET DU TÉLÉSPECTATEUR... SI TU PEUX FAIRE QUELQUES DESSINS RIGOLOS...
OUAIS, OK, PAS DE PROBLÈME...
20.47h
OH P'TAIN! CLASSE!
ILS REPASSENT UN VIEUX TARZAN AVEC JOHNNY WEISSMULLER...
Oooh, mon Dieu! Des sauvages!...
Djoudjou bwana!
22.50h
GÉNIAL! UN GENDARME DE SAINT-TROPEZ!!
Regardez-moi là... non, pas là... là!
PIZZA
01.55mn
AH! SOIRÉE TRASH SUR M6! IL VA Y AVOIR DES BONS CLIPS!
Against the grain, that's where I'll stay, swimming upstream...
04.28h
OUAAAiiiS! UN "HISTOIRES NATURELLES" SUR LA PÊCHE AU SANDRE!
...c'est une mouche plongeante montée sur un bas de ligne nylon qui...
06.11h
AU BOULOT!
LA TÉLÉ...
MEEERDE!
HEU...
PAS SIMPLE!
PAS D'IDÉES!

Les plateaux

Industriel ou artisanal, le plateau-repas TV est une invention capitale qui permet, en mangeant devant l'écran, de ne perdre une miette ni de son sandwich ni de l'émission. Mais ce qui n'était qu'un bricolage de circonstance est devenu un art. Il y a bien des façons de joindre les plaisirs de la bouche aux plaisirs de l'œil.

Sachez fabriquer un plateau TV sûr et équilibré

Précautions à prendre :

- enrobez de coton couteau et fourchette pour ne pas vous blesser quand vous mangerez en regardant l'écran.
- étendez sur votre poitrine une serviette-éponge retenue par deux ficelles attachées derrière votre cou, éventuellement munie sur son bord inférieur d'une rigole de récupération des denrées alimentaires.
- ne choisissez pas des plats requérant beaucoup d'interventions manuelles comme des escargots ou des crustacés
- pour favoriser la digestion, essayez d'assortir votre menu avec l'émission que vous regardez

Émissions stressantes ou déstabilisantes (reportages, informations)	Aliments légers et distrayants (salade de fruits, crêpes suzette, gaufrettes humoristiques)
Émissions violentes et sanguinaires (séries policières, films gore, dessins animés pour enfants)	Aliments sédatifs et émollients (verveine, coquillettes au beurre, madeleines aux sucres lents)
Émissions de détente et de divertissement (variétés, jeux, soirée électorale)	Aliments ludiques et conviviaux (fondue savoyarde, pierrade, barbecue)
Émissions fondamentales requérant l'attention maximum (finale de foot, Grand Prix)	Aliments énergétiques et excitants (café, viande rouge, bière)
Émissions roses (films X, séries de charme)	Aliments très relevés, sauces tropicales, gingembre, boissons alcoolisées
Émissions difficiles (culture, sciences, interview de Modiano)	Aliments roboratifs et nourrissants qui tiennent au corps (choucroute, paella, cassoulet)

repas TV

Plateaux TV personnalisés

Confectionnés avec le plus grand souci de la fidélité, vous mangerez en communion avec votre vedette favorite :

Plateau Jean-Pierre Coffe

Tomates maraîchères achetées simplement au marché en bas de chez vous (après avoir contrôlé la provenance et le statut artisanal du producteur) à manger crues avec du sel de Guérande

Sandwich au filet de sandre mariné aux cinq herbes, pain baguette traditionnel ordinaire de cette petite boulangerie qui ne paie pas de mine de la rue Delambre et qui accomplit des trésors de qualité

Bourgogne rouge non millésimé mais récolté par un petit viticulteur de Beaune qui met lui-même son vin en bouteille

Pseudo-gâteau de merde farineux et insipide pré-chié en barquette plastique par ces gangsters de l'industrie alimentaire rien que pour vous montrer que, votre œil bovin fixé sur les débilités de la télé, vous n'êtes pas foutu de faire la différence

Plateau PPDA

Champagne La Veuve-Clicquot grand cru

Beignets de faisan en gibelotte à la crème Pompadour

Croustillants de myrtilles au coulis de framboises

Couverts jetables personnels en argent à vos initiales

Plateau Philippe Bouvard

Plateau Deschiens

Plateaux TV spéciaux

PLATEAU VERTICAL

Pour ne pas perdre une seule image de votre émission

Le plateau vertical avec œilletons de visionnement vous permet de regarder ce que vous mangez sans jamais quitter l'écran des yeux

PLATEAU DE SURVIE POUR PASSER 72 HEURES DEVANT LA TÉLÉ

Très utile pour regarder les longues émissions en continu

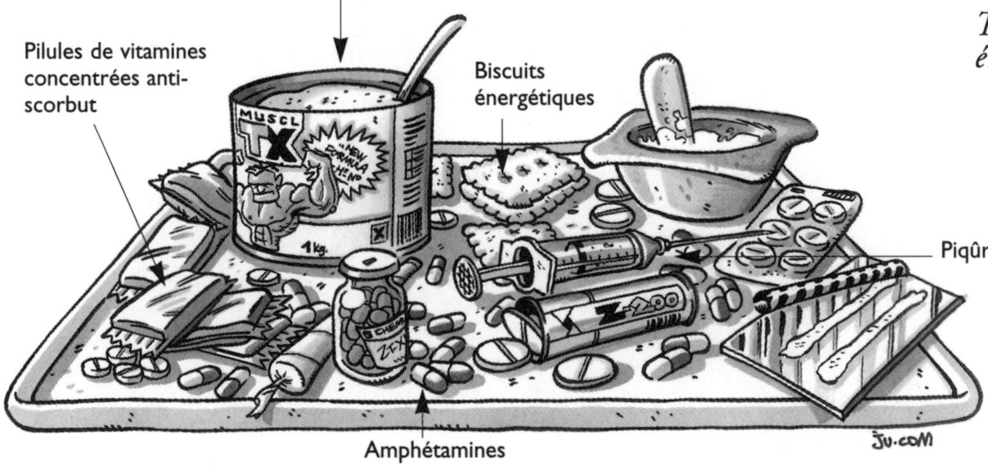

LA SOLUTION IDÉALE : LE BOCAL À PERFUSION

Plus de courses, de cuisine, de vaisselle, aucune servitude alimentaire pour venir distraire votre attention de vos chaînes favorites. De votre lit ou de votre fauteuil, le cocooning absolu 24h/24 7j/7, une simple petite aiguille vous donne le glucose et tous les aliments

Quelle chaîne choisir ?

Pour tout téléspectateur qui se respecte, c'est la question fondamentale. La réponse évidemment dépend des personnalités, des goûts, et des programmes, mais il arrive que, dans certains cas, on puisse ressentir quelques difficultés à choisir une chaîne plutôt qu'une autre. Vous trouverez ci-dessous quelques conseils qui vous aideront.

Déterminez d'abord votre catégorie de réception

CATÉGORIE	NOUS VOUS CONSEILLONS
Catégorie 1. Vous recevez les 237 chaînes françaises et étrangères actuellement captables sur le territoire français.	▪ Pour vous payer un tel matériel haut de gamme, avec des capacités si performantes, vous avez besoin de revenus considérables, nécessitant un tel investissement en travail, en disponibilité et en énergie, que vous n'avez pas le temps de regarder la télé. Votre problème est donc résolu.
Catégorie 2. Par le câble ou le satellite, vous recevez une quarantaine de chaînes, dont une partie ou la totalité payante.	▪ Si vous payez pour recevoir une ou des chaînes cryptées, ne regardez qu'elles, quel que soit le programme, même si vous le détestez, ça serait tout de même malheureux de payer pour rien. Si vous avez deux chaînes payantes, invitez le voisin à venir voir celle que vous ne regardez pas, sinon ça serait gâcher. ▪ Si toutes vos chaînes sont payantes, vous n'avez d'autre solution que de zapper en permanence pour profiter de toutes les chaînes à la fois. Vous ne regarderez jamais une émission plus de 20 secondes, le problème du choix est donc secondaire.
Catégorie 3. Vous recevez les 20 chaînes du câble ou un abonnement satellite minimum.	**Voir conseils généraux.**
Catégorie 4. Vous recevez les six chaînes hertziennes.	**Voir conseils généraux.**
Catégorie 5. Vous ne recevez que la Une et la Deux, et un peu la Trois que vous captez mal.	▪ Gagnez plus d'argent, payez-vous une installation correcte, et plus personne ne se foutra de votre gueule avec votre télé minable.
Catégorie 6. Vous ne recevez que la Une en noir et blanc.	▪ Ne manquez pas Cinq Colonnes à la Une et La caméra explore le temps.
Catégorie 7. Vous êtes le voisin de Pierre Tchernia.	▪ Vendez votre télévision et mettez-vous à votre fenêtre chaque fois qu'il rentre chez lui.

CONSEILS GÉNÉRAUX

Vous n'avez aucune personnalité, aucune opinion, aucun goût particulier.

▪ Choisissez votre chaîne au moyen d'une paire de dés. (1 seul dé si vous n'avez que les chaînes hertziennes.)

Vous êtes très influençable et vous adoptez souvent l'avis d'une personnalité plus forte que la vôtre.

▪ Demandez à une personnalité plus forte que la vôtre.

Vous préférez les couleurs froides et les palettes assorties dans les tons froids.

▪ Choisissez une chaîne dont l'habillage est à dominante bleue ou verte comme TF1 ou Odyssée.

Vous aimez une image parfaite, sans couleurs agressives, sans moirage, sans sur-chrominance des rouges, sans scintillement, sans décomposition numérique.

▪ Écoutez France Inter.

Vous détestez Ophélie Winter.

▪ Essayez de capter Alaska TV, chaîne locale d'Anchorage. (Elle n'y était pas encore passée à l'heure où nous mettons sous presse.)

Vous avez été filmé dans un sujet qui va passer sur France 3.

▪ Regardez France 3.

Vous êtes grabataire dans un hôpital.

▪ Pas de problème, l'infirmière choisira à votre place.

Vous êtes responsable à TF1.

▪ Remettez vite TF1 dès que quelqu'un rentre dans votre bureau.

Vous êtes pilote d'avion de ligne.

▪ Au lieu de vous poser ce genre de question, vous feriez mieux de retourner dans le cockpit pour voir si votre pilotage automatique n'a pas de problème.

Vous avez téléphoné à France 3 pour leur dire que votre sujet n'était pas passé et ils vous ont répondu qu'ils ne savaient pas à quelle heure ni quel jour il passerait.

▪ Regardez France 3.

Vous aimez regarder la télévision à l'envers mais aucune chaîne n'est diffusée à l'envers.

▪ Suspendez-vous par les pieds au plafond.

Vous avez un tamanoir apprivoisé mais il n'aime aucune des chaînes proposées.

Vous avez re-téléphoné à France 3 et ils vous ont répondu que le sujet où vous avez été filmé était nul et qu'il ne passerait jamais.

▪ Regardez France 2.

De confession juive ou musulmane, vous êtes habitué à une lecture de droite à gauche.

▪ Mettez votre télé devant un miroir et regardez l'écran dans le miroir.

Vous êtes sportif et fervent adepte des disciplines modernes.

▪ Attachez votre télé au bout d'un élastique de même longueur que le vôtre, sautez du parapet du pont en tenant votre télé. Dès le début de la chute, lâchez-la. Vous pourrez ainsi continuer à regarder la télé en tombant. (Les allers-retours des rebondissements sont très spectaculaires.)

Variante plus sophistiquée : la même chose mais sur trampoline.

Vous ne captez aucune chaîne hertzienne, vous n'êtes abonné à aucun réseau câblé, à aucun satellite, vous n'êtes pas voisin de Pierre Tchernia et vous n'avez même pas la télé.

▪ Allez draguer en boîte et finissez la soirée par une partie de jambes en l'air.

Vous ne captez aucune chaîne hertzienne, vous n'êtes abonné à aucun réseau câblé, à aucun satellite, vous n'êtes pas voisin de Pierre Tchernia, vous n'avez pas la télé et vous êtes sexuellement impuissant ou frigide.

▪ Flinguez-vous.

CE SOIR ENCORE, LE PROGRAMME EST NUL !
TIGNOUS

CHAPONOÏR DANS...

LE GRAND JEU

VOUS ÊTES AMATEUR D'ENREGISTREMENT VIDÉO, TRÈS BIEN... MAIS FAITES ATTENTION ! NE FAITES PAS COMME MONSIEUR MORATALLA. LA FAMILLE MORATALLA A VUE SA VIE DÉTRUITE PAR...
LA FIEVRE DE LA VIDEO
© CARLOS GIMÉNEZ. — 1997.
LES MORATALLA AVAIENT TOUJOURS ÉTÉ UNE FAMILLE HEUREUSE, JUSQU'AU JOUR OÙ...
J'AI ACHETÉ UN MAGNÉTOSCOPE.
OH !
SUPER !
ALORS...
OH, CE DOCUMENTAIRE SUR LES POISSONS EST MAGNIFIQUE ! JE L'ENREGISTRE !
TICK !
ET AINSI...
QU'EST-CE QUE TU ENREGISTRES, MATEO ?
UN DOCUMENTAIRE SUR LES LIONS.
ENCORE !
PETIT À PETIT...
TU ENREGISTRES AUSSI LES FILMS ?
SEULEMENT LES FILMS D'AVENTURE !
TICK !
TU AVAIS DIT SEULEMENT LES FILMS D'AVENTURE...
ET AUSSI LES WESTERN, LES POLICIERS ET LES FILMS D'HORREUR ! ÇA TE GÊNE ?
NON ! JE NE PEUX PAS TE PASSER PINOCHIO ! TU VOIS PAS QUE JE SUIS EN TRAIN D'ENREGISTRER LE MONDE SOUS-MARIN DE COUSTEAU ?
PINOCHO
TU ENREGISTRES AUSSI L'ÉMISSION BRICOLAGE ?
ON NE SAIT JAMAIS, SI UN JOUR ON A BESOIN DE FABRIQUER NOS PROPRES MEUBLES.
ALLO MANOLO ? TU POURRAIS M'ENREGISTRER LE DOCUMENTAIRE QUI PASSE À 3H30 SUR ANTENA 3, MON MAGNÉTOSCOPE DÉCONNE ET...
MENTEUR ! C'EST PARCE QU'IL EST EN TRAIN D'ENREGISTRER LE FILM DE SCIENCE FICTION SUR LE CANAL 6 !
J'AI ACHETÉ UN AUTRE TÉLÉVISEUR ET UN AUTRE MAGNÉTOSCOPE POUR LA CHAMBRE, POUR SI UN JOUR ON VEUT VOIR UN FILM AU LIT...
...
MAMAN ! PAPA A INSTALLÉ UN MIROIR DANS LE COULOIR POUR REFLÉTER LA TÉLÉ DE LA CHAMBRE ET LA VOIR DEPUIS LE SALON ! IL DIT QUE C'EST POUR VOIR CE QU'IL ENREGISTRE SUR L'UN ET CE QU'IL DOIT ENREGISTRER SUR L'AUTRE.
¡ ... !
FLUIDE GLACIAL
MALÉDICTION ! LE DOCUMENTAIRE A COMMENCÉ SUR TV-3 ALORS QUE LE FILM QUE JE SUIS EN TRAIN D'ENREGISTRER SUR TV-2 N'EST PAS ENCORE FINI ! ET JE NE PEUX PAS UTILISER LE MAGNÉTOSCOPE DE LA CUISINE PARCE QU'AVEC J'ENREGISTRE LE FILM DE GINGER ROGERS SUR TV-5 ! IL FAUT QUE J'APPELLE MANOLO !
1

LÀ CE SONT LES CASSETTES ENREGISTRÉES.
JE ME SUIS FABRIQUÉ CES PINCES POUR POUVOIR ATTEINDRE CELLES DE L'ÉTAGÈRE D'EN HAUT !
ET OÙ VEUX-TU QUE JE METTE LE LAVE-LINGE ?
ÇA M'EST ÉGAL ! J'AI BESOIN DE CET ENDROIT POUR RANGER MES NOUVELLES CASSETTES VIDÉO ! TU VOUDRAIS PAS QU'ELLES S'ABÎMENT ... APRÈS TOUT LE TRAVAIL QUE ÇA M'A COÛTÉ !
ET ON PEUT VOIR AUCUN DES FILMS QUE T'AS ENREGISTRÉS ?
NON. SI ON UTILISE LES MAGNÉTOSCOPES POUR VOIR CE QU'ON A DÉJÀ ENREGISTRER, ON NE POURRA PAS ENRIGISTRER DES NOUVEAUX TRUCS. TU COMPRENDS ?
IL FAUDRAIT ACHETER UN AUTRE MAGNÉTOSCOPE !
¡...!
¡...!
...IL A INSTALLÉ UNE ANTENNE PARABOLIQUE ET S'EST ABONNÉ À CANAL +, CANAL SATELLITE ET CANAL DIGITAL...
... IL ENREGISTRE LA PROGRAMATION COMPLÈTE DE DOCUMANIA, DE CINÉCLASSIC ET DE MINIMAX. LA NUIT IL DORT TRÈS PEU. IL PRÉFÈRE RANGER ET NUMÉROTER SES CASSETTES ...
PARFOIS IL NE VA PAS TRAVAILLER. IL VA SE FAIRE VIRER...
JE NE VAIS PAS TRAVAILLER PARCE QU'IL FAUT QUE JE METTE À JOUR LES LISTES DE TITRES. À QUOI ÇA SERT QUE T'ENREGISTRE DES CASSETTES SI TU NE LES CLASSES PAS ?
COMMENT TU SAIS CE QU'IL Y A SUR CHAQUE CASSETTE SI TU NE LE NOTES PAS ? COMMENT TU SAIS OÙ SE TROUVE CHAQUE CASSETTE SI ELLES NE SONT PAS RANGÉES PAR NUMÉROS ET PAR COULEUR ?
IL A UNE LISTE POUR LES FILMS ET UNE AUTRE POUR LES DOCUMENTAIRES. LES DOCUMENTAIRES IL LES MARQUE AVEC UN CERCLE BLEU, LES ANIMALIERS AVEC UN CARRÉ ROUGE, LES REPORTAGES AVEC UN TRIANGLE ORANGE ET LE SPORT...
SA FAMILLE NE SUPPORTE PLUS MONSIEUR MORATALLA. MATILDE, SA FEMME, A UN AMANT ET PEDRITO, SON FILS, COMMENCE À SNIFFER DE LA COLLE.
MAIS MATEO MORATALLA S'EN FOUT. IL EST TROP OCCUPÉ AVEC SES ENREGISTREMENTS.
IL FAUDRA QUE J'ACHÈTE UN NOUVEAU MAGNÉTOSCOPE ET UN TÉLÉVISEUR !

La vérité sur
L'incroyable

Si Médiamétrie est le premier des instituts de sondage pour la télévision, au point d'avoir conquis le monopole des résultats d'audience ainsi que la confiance absolue des professionnels, c'est à cause d'une idée simple et lumineuse que personne n'avait eue avant eux : passer un accord avec Dieu.

En effet, rien n'est plus facile pour Dieu que de se glisser dans chaque foyer français pour y observer ce que regarde chacun des 60 millions de téléspectateurs, et de donner ensuite un décompte fiable à Médiamétrie. C'était élémentaire, mais il fallait y penser.

Comment ça se passe techniquement ? Rien n'est plus facile : chaque minute de la journée (toutes les heures aux heures creuses), Dieu fait le tour de tous les postes de télévision allumés dans l'Hexagone et note soigneusement qui regarde quoi. Puis Il envoie ses résultats par transmission de pensée aux cadres de Médiamétrie qui les reportent scrupuleusement sur des graphiques aussi complets que possible afin de les distribuer aux chaînes et aux abonnés. Ainsi, les résultats ne sont entachés d'aucune erreur et les statistiques peuvent être précises à la minute près, à la profession près, au dixième de point près, comme le sont celles de Médiamétrie, ce qui permet aux programmateurs et aux publicitaires d'ajuster leur travail le plus précisément possible.

Les termes du contrat, signé après de longues et âpres négociations, restent bien évidemment confidentiels (notamment en ce qui concerne les contreparties que Dieu retire de ce marché), mais notons tout de même la prouesse de Médiamétrie, qui, pour garder secrète une telle collaboration, a été obligée de mettre en place tout un bricolage destiné à tromper les curieux, à base d'appareils compliqués (voir encadré), de sondages téléphoniques (réellement effectués par de vrais figurants payés), de péréquations, de pondération, etc., le tout suffisamment vraisemblable pour être cru par des professionnels (dont les directions de toutes les chaînes).

l'Audimat
exactitude de Médiamétrie

Un leurre un peu rudimentaire

Il suffit pourtant d'un brin d'observation pour constater que l'extrême exactitude de Médiamétrie ne peut pas reposer sur un gadget comme l'Audimat.
Cet appareil supplémentaire (comme s'il n'y en avait déjà pas assez autour de toute télé qui se respecte !) oblige son détenteur (quasiment bénévole !) : à appuyer sur un bouton à chaque fois qu'il veut regarder un truc, à forcer les membres de sa famille à en faire autant, à noter l'âge, le sexe, la profession, etc. du moindre invité qui s'assoit devant l'écran, à répondre à des coups de téléphone surprise à n'importe quelle heure pour confirmer son visionnage effectif, à garder le secret sur la détention de l'appareil, à justifier toute absence intempestive qui ne correspond pas à ses habitudes (vacances inopinées, week-end avec une maîtresse), à répondre à d'interminables questionnaires sur sa situation sociale, etc.[1]
Et on voudrait nous faire croire que celui qui accepte tout ça avec le sourire est un citoyen français type, normal, représentatif de tous les autres ? À d'autres, messieurs les sondeurs. Travaillez avec qui vous voulez, qui oserait vous reprocher une collaboration aussi prestigieuse et, surtout, aussi infaillible ? Sans doute êtes-vous tenus contractuellement de respecter Sa volonté, mais alors trouvez des couvertures plus vraisemblables.

1. Rigoureusement authentique. Sources : Médiamétrie

Par l'intermédiaire de l'Audimat et des exigences des publicitaires, la ménagère de moins de 50 ans a fait la loi dans les programmes des dix dernières années, et elle a encore de beaux jours devant elle. Sans le savoir, nous sommes entourés de ménagères de moins de 50 ans, mais il est difficile de les repérer car jusqu'à ces derniers jours, la ménagère de moins de 50 ans restait un mystère. Pour la première fois, un journal lève le voile.

LES TRUCS TÉLÉ DE CATHODIC TCHERNIA

Pierre Tchernia, le grand ancien de la télé, nous donne sa méthode pour sélectionner une émission.

GRAIN DE BEAUTÉ
PUSTULE
FURONCLE
VERRUE
COMÉDON
PRESSE-BOUTON
PAR Dernar.

QUIZZ-SERIES

Pour chaque série, trois propositions. Une seule* est vraie. Laquelle ?
***Euh.. des fois, non.**

1 COLUMBO

a) Dans *Columbo,* monsieur Peter Falk est habillé par Brummell ;
b) Dans *New York Police Blues*, Bobby Simone (joué par Jimmy Smits) est columbophile ;
c) Columbo est un sacré lieutenant qui enquête chez les riches et qui connaît tout de suite l'assassin parce qu'il a lu la rubrique "si vous avez raté le début" dans *Télé 7 jours.*

2 DREAM ON

a) Dans *Dream On*, Martin Tupper - **dans *Edward aux mains d'argent*, il y a une scène désopilante avec des tupperware** – exprime ses impressions et ses sentiments – **je me souviens que dans *les Feux de l'amour* une idylle se nouait entre Lauren et Scott** – par des – **dans *les Incorruptibles*, il y a un superbe plan sur une paire de dés** – flash-back cinématographiques ;
b) David Bowie joue dans deux épisodes de cette série ;
c) Martin Tupper est un sacré directeur littéraire petit et lâche mais visiblement il plaît aux dames, dans quasiment chaque épisode il couche avec une nouvelle femme et il n'y a qu'à la télé qu'on voit ça, parce que dans la vie, ça se passe pas vraiment ainsi, mais je m'en fous je ne suis pas editor.

3 CODE QUANTUM

a) En latin Code Quantum signifie : Aux frontières du réel ;
b) Dans la série, seuls les enfants, les handicapés mentaux, les animaux et Samantha la sorcière bien-aimée peuvent voir Al l'observateur et Sam Beckett sous leur vrai visage ;
c) Sam Beckett est un sacré scientifique qui se glisse dans la vie des autres pour la changer, non mais de quoi je me mêle.

4 UN FLIC DANS LA MAFIA

a) Au début de chaque épisode, le chef de Terranova reçoit une mission vraiment pas possible pour l'envoyer au casse-pipe et le message s'autodétruit au bout d'une minute comme cette phra
b) Parce qu' un jour Terranova lui a montré ostensiblement son médius, David Vincent a longtemps cru que c'était un envahisseur ;
c) Vinnie Terranova est un sacré agent du F.B.I. qui se glisse dans la vie des bandits pour la changer, non mais de quoi je me mêle.

5 ZORRO

a) Zorro, son nom, il le signe à la pointe de l'épée et il déchire tous ses chèques ;
b) Zorro a un cheval noir appelé Belphégor ;
c) Zorro est un sacré vengeur masqué – mais par un tout petit masque ! – et ses amis, même son père, ne le reconnaissent pas.

6 MAIGRET

a) Avant d'être un feuilleton télé, Maigret était un célèbre personnage de cinéma incarné par Jean Gabin ;
b) Maigret a un chapeau melon et des pantoufles de cuir ;
c) Maigret est un sacré commissaire qui va au bistrot, attend que ça se passe en fumant sa pipe et hop il a tout compris.

7 NAVARRO

a) Navarro est éleveur de mulets ;
b) Certains scénarios de *Navarro* sont écrits par Emmanuel Errer qui, sous le pseudonyme de Jean Mazarin, est le père de *Un privé au soleil*;
c) Navarro est un sacré commissaire humaniste qui comprend les gens et se rebelle contre la hiérarchie quand il le faut et il arrive souvent que son interprète, Roger Hanin, lors de contrôles routiers, soit pris par des policiers – peu malins, je vous le concède – pour un vrai commissaire. En janvier 1995, il a ainsi participé à la poursuite et à l'arrestation de vrais brigands – pas très futés, certes – qui se sont rendus dès qu'ils ont vu Navarro arriver.

8 SEINFELD

a) À l'origine, la série aurait dû s'appeler *le Temps des copains,* un remake de la série française avec Jacques Sauvageot, Alain Geismar et Daniel Cohn-Bendit ;
b) Dans les épisodes de *Seinfeld*, il ne se passe rien : les personnages peuvent passer tout l'épisode à attendre une place dans un restaurant chinois, à parler de gros orteils ou de chaussettes, voire à se raconter les aventures du commissaire Maigret ;
c) Les quatre célibataires de la série sont de sacrés copains qui vivent dans un environnement (leurs appartements, la rue, les magasins...) plein de rires et ça n'a pas l'air de les gêner, même on dirait qu'ils ne les entendent pas.

9 DAKTARI

a) Clarence, le lion, était l'animal fétiche de Joe Dassin et de Dalida (oui, je sais, c'est pas beau de se moquer des animaux) ;
b) Skippy le kangourou ne pouvait pas saquer Flipper le dauphin ;
c) Les vétérinaires de *Daktari* sont de sacrés vétérinaires qui soignent des animaux qui ne chient jamais.

10 DESTINATION DANGER

a) John Drake a toujours caché – honte ? pudeur ? jalousie ? – que Max la Menace était son frère ;
b) Max la Menace n'a jamais su – bêtise ? inconséquence ? insémination artificielle ? – que Mister Bean était son fils ;
c) John Drake est un sacré agent secret qui a une famille cachée mais sympa.

11 LES SHADOKS

a) Le nom des Gibis ne vient pas du pluriel latin de "gibus" mais des initiales de la Grande-Bretagne prononcées à l'anglaise ;
b) Steven Spielberg prépare une adaptation des *Shadoks* avec Harrison Ford dans le rôle du marin Shadok ;
c) Les Shadoks sont de sacrés personnages que, quand ils pompent, les œufs en fer trinquent et réciproquement.

12 L'HOMME DE FER

a) L'homme de fer a des gants de velours ;
b) Raymond Burr, l'interprète de l'homme de fer, a fini sa vie dans un fauteuil roulant ;
c) Robert Dacier est un sacré inspecteur dans un fauteuil roulant qui court un peu moins vite que les autres, c'est tout.

13 LE PRISONNIER, LE FUGITIF, AMICALEMENT VÔTRE

a) Dans *le Prisonnier*, le personnage principal refuse obstinément de jouer...
b) Le docteur Kimble, dit le fugitif, est un sacré évadé qui court un peu plus vite que l'homme de fer, c'est tout ;
c) Roger Moore n'a pas seulement incarné lord Brett Sinclair dans *Amicalement vôtre* : il a également interprété Ivanhoé, James Bond, le Saint, Casimir (à l'intérieur, mais c'est moins connu).

14 LE JOURNAL DE VINGT HEURES

a) C'est dans cette série que De Gaulle a déclaré : "Finalement il n'y a que Rintintin qui soit aussi connu que moi" ;
b) Les acteurs principaux de cette série sont de sacrés journalistes qui pensent que dans *Starsky et Hutch*, Starsky, c'est le gros et Hutch le petit ;
c) Pierre Tchernia a présenté le journal de vingt heures.

IGWAL

1 : b (si on écrit colombophile)
2 : a b c
3 : b (un peu) c
4 : c
5 : c
6 : c (un peu, non ?)
7 : b (le personnage du privé pied-noir s'appelle Frankie Pat Puntacavallo et disons que les livres sont mieux que la série télé)
8 : b (un peu) c
9 : b (si, si, je l'ai lu dans *Voici*) c (non ?)
10 : tout est faux de faux
11 : a c
12 : b (malheureusement : terrible, non ?)
13 : c (un peu)
14 : c (pour a : il s'agissait de Tintin, bien sûr)

Si vous avez :
■ 14 bonnes réponses : vous vous appelez Alain Carrazé et vous animez *Destination séries* avec Jean-Pierre Dionnet sur Canal Jimmy.
■ Entre 2 et 13: c'est pas mal.
■ 1 bonne réponse : vous vous appelez Larcenet et vous avez publié *La loi des séries* aux éditions Audie-Fluide Glacial.

CONFESSIONNAL
MON PÈRE PARDONNEZ-MOI CAR J'AI COMMIS UN PÉCHÉ. HIER SOIR, À LA TÉLÉ, J'AI REGARDÉ EN CACHETTE UN FILM À CARACTÈRE SOCIO-CULTUREL SUR CANAL PLUS À TROIS HEURES DU MATIN
QUEL EST LE TITRE DU FILM MON FILS ?
LES JEUX DÉFENDUS DES AMANTES PERVERSES DE GOUINA L'ENCULEUSE AVEC TABATA CASH
BON, VOUS ME FEREZ TROIS JE VOUS SALUE MARIE, ONZE NOTRE PÈRE, ET QUARANTE-SEPT ACTES DE CONTRITION, ALLEZ DANS LA PAIX DU CHRIST ET NE RECOMMENCEZ PLUS CAR IL NE FAUT PAS ABUSER DE LA TOLÉRANCE DE DIEU
OKAY
CONFESSIONNAL
CONFESSIONNAL
AU FAIT, EST-CE QUE LE FILM REPASSE UNE DEUXIÈME FOIS ?
ÉDIKA

télé 7 JOURS

Programmes du 21 au 27 juin 1899

GRAND CONCOURS DE L'ÉTÉ :

GAGNEZ UN FIACRE

DOUBLE ATTELAGE, LANTERNES À HUILE

LES PRÉDICTIONS POUR LE XXe SIÈCLE PAR ELISABETH TEISSIER

Edmond Rostand

Il signe la série culte sur France 2

Jules Vallès

claque la porte de TF1

EXCLUSIF

Emile Zola papa !

Le grand auteur de téléfilms révèle sa paternité

Sept Jours 7 Sept Images

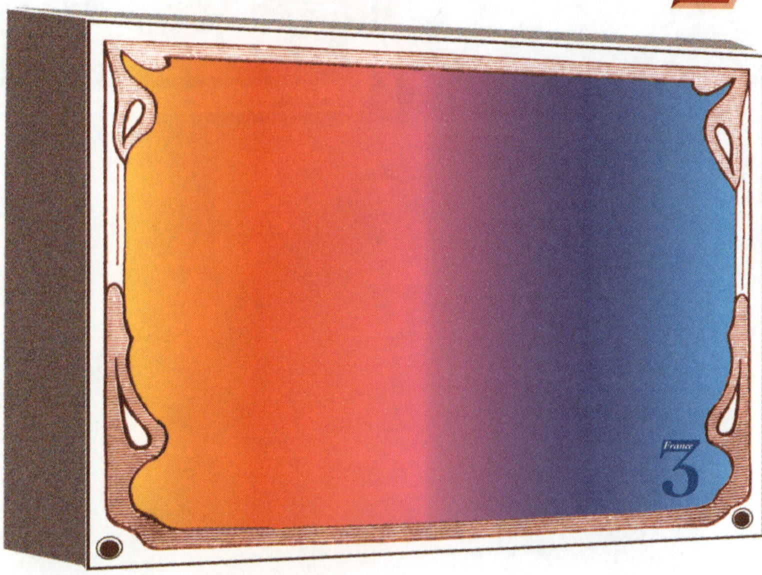

BIENTÔT LA COULEUR ?

Depuis l'invention de la télévision par Nicéphore Niepce en 1840, le développement des récepteurs électriques à pédales dans tous les foyers après la guerre de 70, et l'apparition successive de nos 6 chaînes, on nous annonce chaque année l'arrivée imminente de la couleur. Sur France 3, le nouveau président Emile Loubet a affirmé qu'il tiendrait ses promesses.

C'EST FAIT !

Edmond Rostand a signé avec France 2 pour l'adaptation en feuilleton de son grand succès Cyrano de Bergerac. Le premier épisode des Feux de l'amour de la gloire de Cyrano sur la côte ouest en tournage avec Sarah Bernhardt et Rosemonde Gérard (la propre femme d'Edmond Rostand) dans les principaux rôles, est déjà destiné à devenir une série culte, faisant face au succès du feuilleton l'Amour des misérables travailleurs de Notre-Dame de 93 de la mer, de Victor Hugo sur TF1.

L'ALSACE-LORRAINE SUR LE PLATEAU D'ARTE

Discussions à la direction d'ARTE pour savoir si les programmes de la chaîne européenne diffusés dans l'Alsace-Lorraine qu'occupent toujours nos amis allemands doivent être doublés en français. Réponse à la rentrée.

LE NOUVEAU SIÈGE DE TF1 SUR LA COLLINE DU TROCADÉRO

Le baron Haussmann, président-propriétaire de TF1, vient d'inaugurer les nouveaux locaux de sa chaîne, en même temps que l'on fêtait les dix ans de la tour Eiffel. Il vient encore d'affirmer que la Une n'avait eu aucune influence dans sa prépondérance sur les marchés de l'immobilier parisien.

LE CINÉMATOGRAPHE AVANCE

Cette nouvelle technique d'enregistrement des images sur pellicule souple au lieu de bandes vidéo a fait encore des progrès depuis sa première exploitation publique, l'année dernière. Canal + consacre une nuit entière à ses inventeurs (voir programmes). De plus en plus de gens aiment à se retrouver ensemble dans ces salles obscures où ils prétendent que les images sont de meilleure qualité. Espérons que l'extension du "cinéma" ne menacera pas la télévision dans un avenir lointain.

UNE CUISINE THÉÂTRALE... ET PROVENÇALE !

Au cours de l'émission Au Théâtre Français ce soir qui donnait le célèbre drame de Paul Féval Le Bossu en direct-vivant, le grand acteur Coquelin Cadet, interprète du rôle de Lagardère, est entré sur scène légèrement pris de boisson. Au moment de lancer sa fameuse réplique, sa langue a fourché et il a bafouillé malencontreusement "Si tu ne viens pas à Lagardère, Lagardère iratatouille." Cette saillie inattendue a égayé le sombre drame d'une note cocasse.

UN BEAU BÉBÉ

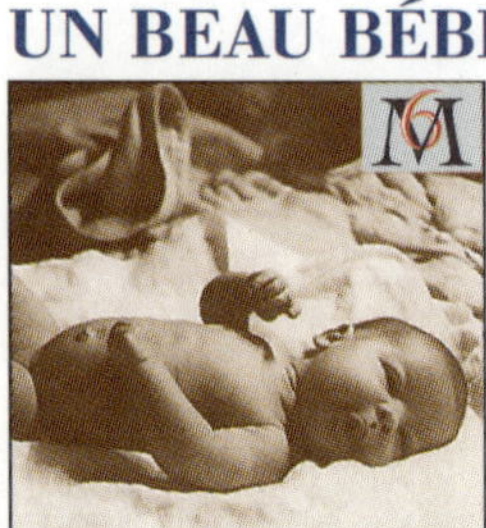

Met Mme Nohain nous envoient la photographie par bélinotype de leur fils Jean (six mois), qui vient de recevoir le prix du bébé le plus affectueux. Félicitations aux parents.

FRANKLIN DIDI

les inédits

INFORMATIONS INDISCRÉTIONS RÉVÉLATIONS

Van Gogh, dix ans déjà

Voici une décennie que le peintre Van Gogh nous quittait. Évocation par la jeune Jeanne Calment qui raconte sa rencontre et sa brève liaison avec le grand artiste pour qui elle posa en Arlésienne.

VALLÈS ET TF1 : LA BROUILLE

Le remuant Jules Vallès, animateur de nombreuses émissions à succès sur TF1, a bruyamment quitté la chaîne à la suite d'un désaccord financier avec le fils Haussmann, directeur de la Une depuis la mort du baron il y a deux ans.

L'ancien "enragé" de la Commune reconverti dans la production a aussitôt reçu une proposition "intéressante" de France 2.

Félix Faure : une mort télégénique

Le président Félix Faure est décédé l'année dernière dans les circonstances que tout le monde connaît. Quand l'abbé est arrivé pour lui donner l'absolution, sa première question fut : "A-t-il encore sa connaissance ?" Ce à quoi l'huissier répondit : "Non, on a débranché le décodeur."

Zola papa

Fuite ou indiscrétion ? Après trente ans d'une union sans nuages avec sa femme, le scénariste à succès Émile Zola mènerait une double vie avec une jeune et charmante top model des environs de Médan. Elle lui aurait même donné deux enfants, Jeanne et Pierre, dont l'auteur du sitcom Au bonheur des dames serait très fier. En villégiature en Angleterre suite à ses démêlés dans l'affaire Dreyfus, le scénariste n'a pas démenti.

000Sans efforts et sans gymnastique harassante

RETROUVEZ UN CORPS DE JEUNE FILLE

Grâce aux

Galvanodisques de l'abbé Fenouil

Garants de votre pudeur et de la moralité publique, les galvanodisques de l'abbé Fenouil fonctionnent à travers le tissus !
Exemple :
pour l'amincissement des fessiers, le galvanodisque reste efficace à travers jupe, crinoline, 1er jupon, 2e jupon, gaine, corset, et pantalon à jarretières.

*Dernier cri de la science, les galvanodisques de l'abbé Fenouil sont des **micro-cataplasmes à la moutarde** qui travailleront pour vous. Vous les appliquez simplement sur les parties de votre corps que vous désirez **affiner et affermir :** cuisses, ventre, poitrine, etc. Vous pourrez ensuite continuer à vaquer à vos occupations habituelles. En **moins de quinze jours,** sans contrainte, vous deviendrez **mince et musclée.***

2 francs-or seulement !
(+ 6 sous pour frais de port)

Chez vous, à l'église ou au salon de thé, retrouvez un corps parfait sans efforts grâce aux

galvanodisques de l'abbé Fenouil

DIMANCHE — TF1 — 22 juin 1899

19.30 Du rififi dans la tirelire
Jeu
Animé par Octave Mirbeau

20.00 Le journal de la Une
Présenté par Henri Rochefort

22.45 Sacrée Soirée
Variétés animées
par Edmond de Goncourt,
avec Debussy, Sarah Bernhardt
et Victorien Sardou.

20.45

Théâtre - Adapté par Victor Hugo

LE BOSSU DE NOTRE-DAME

777

d'après son roman Notre-Dame de Paris (Rediffusion)

Avec **Tito Romano** (le bossu)
et **Sarah Bernhardt** (Notre Dame)

Le Bossu (Tito Romano) et Notre-Dame (Sarah Bernhardt)

LE SUJET
Amour et aventures dans les clochers de Notre-Dame.

SI VOUS AVEZ MANQUÉ LE DÉBUT
Un gentil bossu rencontre un roi lion sorti de la lampe d'Aladin. Tous deux courent après 101 chiens noir et blanc tandis que l'évêque Frollo, surnommé la Bête, tombe amoureux d'une petite sirène surnommée la Belle. Le Bossu arrive à temps et sauve la vie de Bambi. Ils vivront heureux et auront beaucoup de petits faons (affectés d'une légère scoliose).

NOTRE AVIS

Excellente comédie de Victor Hugo qui nous prouve ses talents multiples. Il avait réécrit son chef-d'œuvre pour la 1re chaîne juste avant sa mort en 1885, en cédant quelque peu aux sirènes de l'Audimat. Il avait notamment changé la fin pour séduire un plus large public et avait ajouté nombre de personnages sans grand avenir commercial. Parfait pour une soirée en famille.

CANAL +

18.35 Nulle part ailleurs - Magazine présenté par Georges Courteline, les dernières créations de la science et de la technique avec Camille Flammarion et son équipe.

19.50 Les guignols de l'info, par Tristan Bernard et Alphonse Allais

20.35 NUIT LOUIS & AUGUSTE LUMIÈRE 777
Soirée très Canal, consacrée aux inventeurs du cinéma, présents sur le plateau, en compagnie d'invités de marque (Georges Méliès, Charles Pathé, Sarah Bernhardt, le jeune D. W. Griffith, etc.), avec un documentaire et trois films.

21.00 QUE LES LUMIÈRES SOIENT 777
Documentaire d'Auguste Renoir.
La vie et l'œuvre des inventeurs du cinématographe filmées par un grand de l'image.

23.35 Film français
L'ARRIVÉE DU TRAIN EN GARE DE LA CIOTAT 777
Réalisé par Louis et Auguste Lumière
Le sujet : Un train entre en gare de La Ciotat
Si vous avez manqué le début : Un train s'approche de la gare de La Ciotat.

NOTRE AVIS
Un pur chef-d'œuvre dont on reparlera dans un siècle.

23.45 Film français
LA SORTIE DES USINES LUMIÈRE 777
Réalisé par Louis et Auguste Lumière
Le sujet :
Les employés de l'entreprise Lumière sortent de l'usine.
Si vous avez manqué le début : Les portes de l'usine Lumière s'ouvrent pour laisser sortir les employés.

NOTRE AVIS
Une merveille intégrale qu'on n'est pas près d'oublier.

23.55 Film français
L'ARROSEUR ARROSÉ 777
Réalisé par Louis et Auguste Lumière
Le sujet : Un arroseur est victime d'un désopilant canular.
Si vous avez manqué le début : Un arroseur arrose son jardin avec un tuyau d'arrosage.

NOTRE AVIS
Un sommet comique qui fera rire toute la famille.

0.05 Sports - Retransmission des épreuves pré-olympiques pour les Jeux olympiques de Paris, l'année prochaine.

20.00 Le journal
Présenté par Jules Renard

20.45 L'heure de vérité
Dreyfus est-il coupable ?
Débat animé par Léon Blum et Charles Maurras - Invités : Georges Clemenceau, Jean Jaurès, Paul Déroulède, Maurice Barrès
Une confrontation d'idées, courtoise et mesurée, sur une affaire très suivie par les Français.

22.45 Bouillon de culture
Émission littéraire présentée par Anatole France.
Numéro spécial avec la présence exceptionnelle de Léon Tolstoï, invité unique.

19.00 Questions pour un champion avec le jeune Albert Einstein qui revient pour la 1517ᵉ semaine.

20.30

Téléfilm d'Émile Zola

GERMINAL

777

Sarah Bernhardt . . . (Catherine) **Lucien Guitry** . . . . (Maheu)
Aristide Bruant (Étienne Lantier) **Calmettes** . . . . (M. Hennebeau)

LE SUJET
Les tribulations d'un jeune Parisien dans une région minière.

SI VOUS AVEZ MANQUÉ LE DÉBUT
Étienne Lantier, jeune ingénieur, se fait embaucher dans une mine moderne. Il tombe amoureux de la fille d'un actionnaire mais celle-ci ne peut pas répondre à sa passion car elle est fiancée au châtelain propriétaire de la mine. Pour la séduire, Lantier rachète le château voisin et fonde un club de golf avec ses amis.

Lantier (A. Bruant) et Catherine (Sarah Bernhardt)

NOTRE AVIS

Excellent téléfilm d'un talentueux scénariste quelque peu malmené par l'affaire Dreyfus. Grosse production pour une touchante évocation du monde impitoyable de la mine où l'on voit la dure vie sentimentale des cadres supérieurs et de la direction, confrontés à la lutte pour les femmes et la fortune. Une action palpitante, servie par des comédiens de grande classe et un chanteur populaire qu'on n'avait pas l'habitude de voir dans ce contexte.

22.45 Variétés : Magie, avec le stupéfiant prestidigitateur Houdini (qui vient d'épouser la célèbre Mistinguett).

M6

19.00 Boulevard des clips - Chansons pour les jeunes : Théodore Botrel
19.30 M6 Kids - Roudoudou dans les mines avec les enfants
20.30 Série - LES FILES DE X - La queue pour entrer à l'École polytechnique - Série de Allan Kardec
21.30 Série - CLASSE SUFRAGETTES - Série de Charles Péguy

23.30 Le téléfilm rose du dimanche soir
JOY À L'EXPO UNIVERSELLE 77
Téléfilm français grivois de Pierre Louÿs
Avec la belle Otero
Le sujet : Joy continue son initiation sentimentale dans des aventures débridées.
Si vous avez manqué le début : Joy visite l'expo avec un galant et se laisse aller à lui caresser la joue. Mais ses robes provocantes qui lui dévoilent les chevilles entraînent la colère d'un commissaire qui l'enferme au couvent. Là, prise de passion pour le jardinier, elle va jusqu'à ôter ses gants.

NOTRE AVIS

arte

20.40 Histoire parallèle - Présentée par Jules Clarety. Les gazettes de l'actualité française et allemande pendant la guerre de 1870.

22.00 Les poètes romantiques de Schiller à Chateaubriand. Lectures multilingues à la chandelle.

23.00 Archimède - Magazine scientifique présenté par Jules Verne. Les merveilles du siècle prochain : le métropolitain - Le ballon dirigeable - L'omnibus sous-marin.

22.35 Débat : L'Europe des cuirassés : vers le dreadnought

Astralement Vôtre
PAR ÉLISABETH TEISSIER

Le 20e siècle tel que je le vois dans les astres

Après une première décennie agitée, une période de paix stable commencera en 1914 (année où Jaurès sera élu président de la République) et durera jusqu'en 1918.

Puis une longue guerre commencera à déchirer l'Europe jusqu'en 1939, année où s'ouvrira une nouvelle ère de paix et de prospérité grâce à l'alliance du tsar de Russie Nicolas III et de la République soviétique allemande, qui durera jusqu'en 1945.

Un nouveau conflit ravagera alors l'Europe jusqu'à la fin du siècle, tandis que la paix régnera sur le reste du monde, principalement dans nos colonies. Malgré les tentatives acharnées, aucun “plus lourd que l'air” n'arrivera jamais à voler, quant à l'automobile, elle ne constituera qu'une lubie passagère qui tombera dans l'oubli dès le début du siècle.

Le cancer sera éliminé et les maladies sexuelles seront toutes éradiquées à la fin du siècle. Malheureusement, la variole et la tuberculose ne seront jamais vaincues.

Les peintres actuellement à la mode comme Cézanne et Monet ne vaudront plus un centime et Ponson du Terrail sera désigné “plus grand écrivain du siècle”.

Pour votre horoscope personnel quotidien, envoyez vos lettres par malle-poste à Élisabeth Teissier, Télé-7 Jours, 36-15 rue de Rivoli - Paris - Département de la Seine.

Vos lettres
NOUS INTÉRESSENT

L'Algérie aux Algériens !

Messieurs

Citoyen algérien de souche, je voudrais que la télévision parle du scandale de l'Algérie. En effet, nous sommes victimes depuis 1840 d'une véritable invasion venue de l'autre rive de la Méditerranée, qui vole notre travail, casse nos maisons et viole nos femmes. Ces meutes d'immigrés délinquants, facilement reconnaissables à leur faciès et à l'uniforme de leur bande (une espèce de blouson à galons, une casquette dont la visière est souvent tournée vers l'arrière et un emblème bleu-blanc-rouge), sont armées jusqu'aux dents, prétendent imposer leur loi, et font régner une véritable insécurité dans tout le pays. Heureusement qu'il y a des citoyens courageux comme l'émir Abdul El Pen pour lutter contre l'immigration venue du Nord et rendre l'Algérie aux Algériens.

Mouloud Kalif - Tlemcen

Vive Louise

Messieurs

Je voudrais féliciter Louise Michel pour son émission le Cercle de minuit sur France 2 au cours de laquelle Alexandre Millerand a redonné espoir aux ouvriers français en nous parlant de la semaine de 80 heures qui verra le jour prochainement, de la retraite à 95 ans, et de la demi-journée de congés payés. Mais espérons que toutes ces mesures audacieuses ne vont pas ruiner l'économie française.

Madeleine Attal - Périgueux

XENOMANIA

Messieurs,

Une fois de plus, la preuve est faite que la télévision est un bazar enjuivé à la solde des Reinach, Rotschild et compagnie. Il n'y en a que pour le traître Dreyfus sur toutes les chaînes et l'ignoble Italien Zola continue d'y répandre ses obscénités. D'ailleurs, rien que le nom de l'inventeur, M. T. Lévy-Sion, c'est une profession de foi. À bas les traîtres youpins et autres francs-maçons ! Vive la France ! Vive l'armée !

Jules Lessart - Ancien combattant de 70

18 nouveaux satellites cette semaine

Télérama

Du 31 mai au 6 juin 2010 N° 3148

Scandales, racolages, fric, émissions-poubelles

JUSQU'OÙ ARTE COULERA-T-ELLE ?

Mon pancréas par **Alain Rémond**

Arte - La Cinquième : ARTE LE MASSACRE !

Trop c'est trop, comme dit le cliché qui ouvre un article où l'on est en colère. Mais là, je sèche pour trouver une autre formule, et en colère, on aurait du mal à ne pas l'être. À force de vouloir trouver son public, élargir son audience, asseoir son image de marque, la chaîne franco-allemande a progressivement connu toutes les dérives. Les avons-nous prévenus, nous, à Télérama, qu'il ne fallait pas vendre son âme à l'Audimat, surtout pour les 18 % de téléspectateurs restants que doivent se partager les chaînes généralistes !

Quand, pour donner du peps à Histoire parallèle, l'émission-phare de la chaîne, Marc Ferro est apparu avec deux ferroettes dénudées, nous avons dit ce que nous en pensions, même si l'audience de l'émission a quintuplé. Quand Jérôme Clément a fait appel à Gérard Louvin pour transformer le Dessous des cartes en un quizz érotico-culturel, les Dessous de Descartes, nous avons réagi de la même façon, mais faire sponsoriser Arrêt sur images par Murdoch et Palettes par Ripolin, la coupe est pleine. Encore un cliché. Par bonheur, il reste TF1.

Image PhotoDisc

Arte, la chaîne de toutes les dérives.

À Télérama, nous nous sommes souvent félicités de son évolution positive. Mais là encore, l'obéissance aux mots d'ordre ne va-t-elle pas trop loin ?

À force d'avoir voulu retrouver du sens, toujours plus de sens, et recadrer son image, TF1 ne s'est-elle pas tournée trop radicalement vers une culture élitiste, une austérité inaccessible ?

C'est d'autant plus dommageable que le service public, depuis qu'il est réduit à la seule France 2, s'enfonce toujours plus avant dans la spirale infernale d'une mondialisation hystérique, à l'instar du gouvernement et des institutions françaises. Pauvre paf !

Ça va mieux en le disant

Le tunnel sous le dimanche

Certes, on ne voit pas le temps passer, et elle n'est pas loin l'époque où le jeune Jean-Yves Lafesse nous faisait rire. Mais depuis qu'il est devenu une institution, le voilà transformé en indétrônable cacique du week-end avec son émission Dimanche-Lafesse, où inlassablement il fait hoqueter un public du 3e âge avec son sempiternel petit doigt en guise de micro (que l'usage a d'ailleurs déformé de crampes et d'arthrose), et qu'il ne se lasse pas de tendre aux enfants déficients de son École des Imposteurs. Quand cessera l'imposture ?

B. Renaldi
Savigny-sur-Orge

Fidèles lecteurs de Télérama, nous sommes très attachés à cette nouvelle mode conviviale qui consiste à regarder la télé en se groupant à plusieurs. Comme nous ne regardons que des films en pay-per-view, nous avons acheté un rétroprojecteur qui projette le programme sur une grande toile blanche que nous avons tendue dans une vaste salle, où nous pouvons recevoir plusieurs dizaines d'amis. Bien sûr, nous demandons un petit dédommagement à l'entrée car nous avons dû embaucher une jeune fille en CES pour placer les gens dans l'obscurité. Cette façon de regarder la télé est très festive, et facilite les rapports humains. On se demande pourquoi personne ne l'avait fait avant.

Cécile Maurel Alès

Abonné depuis longtemps à votre revue, je suis scandalisé par votre critique favorable sur cette émission infâme que TF1 a consacrée à la conchyliculture. En effet, on y voit des moules massacrées avec tous les raffinements du sadisme (arrachées à leur milieu naturel, ébouillantées vivantes, écorchées, et j'en passe) et ce, dans le silence général, avec la complicité des intellectuels, sans que soient respectés leurs droits les plus élémentaires. Les créatures marines à système nerveux non cérébral ont aussi

Les Ulysses

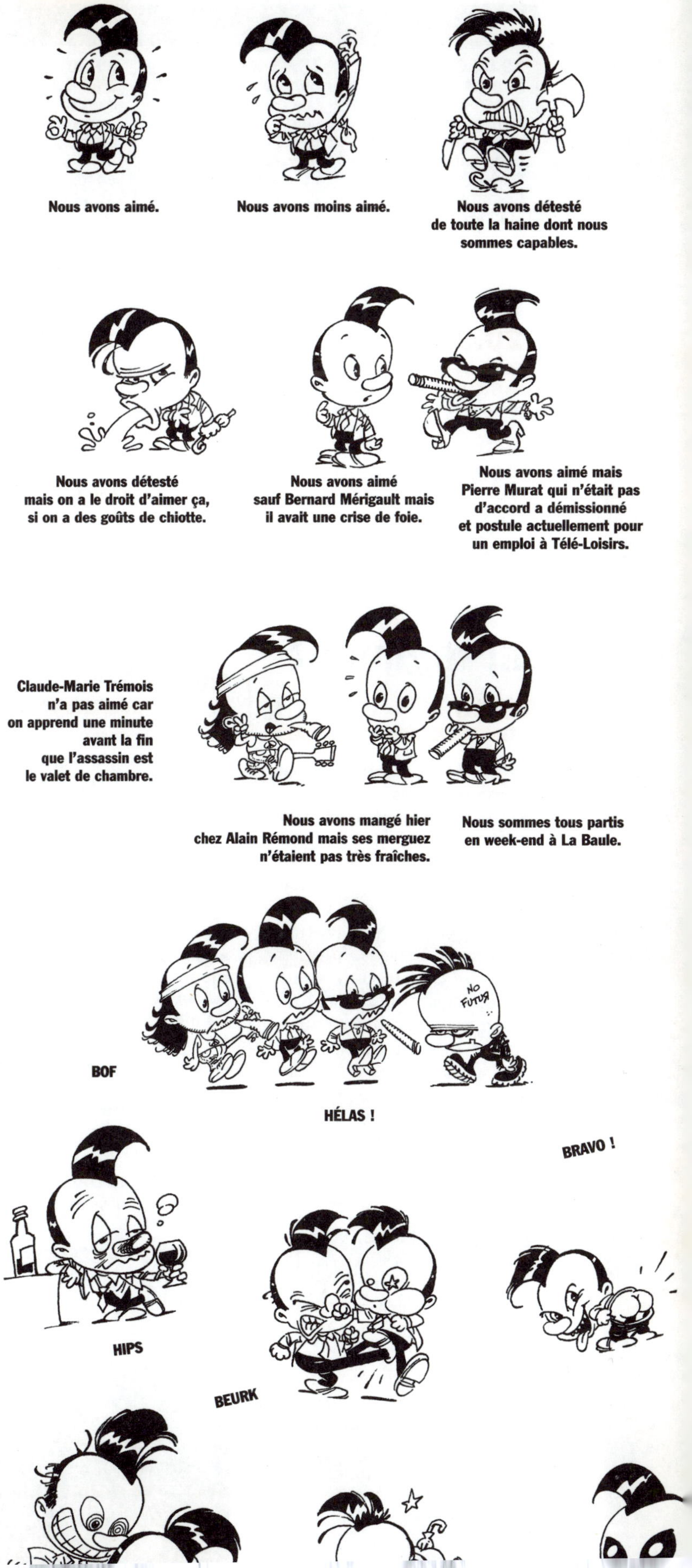

Soirée 1re partie

Arte

19.00 Grand Format
Documentaire
Protéger son 4x4 : un berger allemand ou un pittbull ?
Documentaire de Gérard Straub et Marie-France Huillet

19.45 Histoire parallèle Années 70
Les concours de tee-shirts mouillés vus par les actualités télévisées françaises et allemandes.
Présenté par Marc Ferro et Jacky

20.30
Journal
Le 8 1/2. L'actualité en 8 secondes et demie.

20.30' 8" et 5/10
Kino-Ciné
Présenté par Claude-Jean Philippe
L'infirmière au régiment
Film français de Max Pecas (1992). 90 mn.
Voir texte ci-dessous

TF1

19.30
TTT La roue du destin
Jeu présenté par Lagaf'
Réflexions existentielles autour d'un thème philosophique différent chaque jour.
Des centaines d'intégrales de Hegel à gagner

20.00
TTT Journal
Présenté par Patrick Poivre d'Arvor et Pierre Bourdieu

20.35
L'orestie 2e partie
TTT Téléfilm français de Alain Cavalier (2007).
VONST 1250 mn.
Voir texte ci-dessous

France 2

19.05 Amor, glory und Schönheit
Euro-série

19.40 Stadium 2
Les championnats de basket-sumo à Brasilia. Commentés en islandais par Piotr Asmaljik et en coréen par Kim Myon-sun (sous-titrés en basco-serbe) parrainés par IBM.

20.00 Journal
World News présentées par Qsien Ten Xiu à Hong Kong et Daniel Bilalian à Stockholm.

20.45
FORT TOKUSHIMA
T Jeu présenté par Abdul Washkhalef, Onkyo Matsuhita et Patrice Laffont : une équipe de l'OUA en compétition avec une équipe de l'ASEAN dans l'architecture pittoresque de la base lunaire de Tokushima, mer de la sérénité. Sponsorisé par Coca-Cola.

L'infirmière au régiment

20.30 22.00 **Arte**
Film

Film français de Max Pecas (1992).
Chrétiens-médias : Non !
Avec Jean Lefebvre, Darry Cowl, Annie Cordy et Sim

Le genre. Comédie lamentable.

L'histoire. L'adjudant présente à ses troupes une nouvelle infirmière, fille d'un gros fabricant de farces et attrapes, lui-même frère du colonel qui souffre d'aérophagie. Un caporal, bègue et pétomane, en tombe amoureux et se travestit en femme pour passer inaperçu, le jour même où tout le régiment devient homosexuel à cause d'une nouvelle arme. On apprend à la fin que l'infirmière est le beau-frère déguisé du commandant.

Ce que j'en pense. Citons le commentaire de C.-J. Philippe : "Servi par une interprétation échevelée, cette œuvre majeure de Max Pecas appartient à sa période tropézienne, et précède sa trilogie *Du poil à gratter sur les tartines,* d'inspiration nettement plus Philippe Clairienne. C'est un questionnement sur l'absurde à travers les anciens rites sexuels et relationnels de la chambrée, des bites au cirage aux lits en portefeuille, qui constitue un précieux témoignage social et historique." Poil au critique.

Pierre Murat

L'orestie 2/3

20.35 22.10 **TF1**
Téléfilm **TTT**

Les Choéphores

Téléfilm français d'Alain Cavalier (2007) d'après Eschylle.
Deuxième partie de la trilogie d'Eschylle coproduite par TF1 et Telfrance. Version originale en grec ancien non sous-titrée.
Chrétiens-médias : Pour tous, mais de préférence titulaires d'un doctorat de lettres classiques de 3e cycle.
Pierre Mondy : Agammemnon. **Gérard Hernandez :** Oreste. **Marthe Villalonga :** Clytemnestre. **Rosy Varte :** Chryséis.

Le genre. Épopée antique.

L'histoire. Le clan des Atrides s'interroge sur la raison et la passion. Le non-être de chacun cristallise le miroir des doutes de l'autre, et tous pleurent le clivage de l'ontologie proto-historique dans l'incommunicabilité originelle.

Ce que j'en pense. Magnifique adaptation du chef-d'œuvre d'Eschylle. Il s'agit ce soir de la version intégrale du prologue de la deuxième partie, filmée en plan-séquence caméra fixe. (Il n'existe malheureusement pas encore de cassette de 17 heures pour enregistrer la totalité de la pièce.) Cavalier atteint ici la plénitude de son expression dans une mise en scène dénudée et immobile, qui nécessite du téléspectateur un certain effort, sans négliger l'usage d'amphétamines et de vitamine C. Toutefois, le renoncement aux sous-titres pour respecter l'œuvre était-il bien nécessaire ?

Bernard Génin

L'Orestie : un drame de l'incommunicabilité n'ayant strictement rien à voir avec la photo ci-dessus (TF1 20.35).

Ça prie

par **Charb**

Arte

22.45

Thema
Perversions rares - La zoophilie
Voir texte ci-dessous

22.55 Mes nuits chaudes avec Kiki
Téléfilm.
Voir texte ci-dessous

23.55 Gang bang avec un troupeau de moutons
Documentaire.
Voir texte ci-dessous

00.30 Maestro
Une leçon particulière avec Rika Zaraï.
Au cours d'une leçon particulière de chant et de tisane, la célèbre chanteuse évoque son enfance malheureuse, ses amants et ses sous-vêtements favoris.

01.00 Interstaden
Jeu de Jean-Christophe Victor présenté par Alexandre Adler et Hans Robert Eisenhauer. Geugnon contre Dresden. Courses de vachettes et concours de travestis.

01.30 Snark
Magazine du film d'animation, par Philippe Truffault. DRAGON BALL Z version longue non expurgée.
Dessin animé japonais de Yamamoto Kegarela

TF1

22.10

50 millions d'amibes
TTT Magazine de bio-zoologie unicellulaire présenté par Jean-Marc Morandini
Invitées : Sophie Favier et ses cultures de bactéries anaérobies pathogènes. Philippe Bouvard aide Stephen Jay Gould à improviser un exposé sur la paléo-cytolologie. Carlos et les protozoaires. Les ribosomes transgéniques de Julien Courbet.

23.30 Le club Dorothée
TTT **Variétés**
Émission littéraire éducative autour de l'œuvre de Françoise Dolto, animée par Dorothée, Corbier et Ariane.
Invité : Patrick Modiano.
Dessin animé : Abstraction hélicoïdale de Max Ernst (1921-N&B muet).
Séries : Hélène et les phénoménologues. - Les Musclés dans la vallée de l'Omo.
Voir texte ci-dessous

France 2

22.30

The chance der canzone con el geschwein-karaoké
Variétés. Ethno-musique et world-musette, présentées par Pascal Sevran et Johnny Clegg, au bar du McDonald's 町の通りこそが新しい de Tokyo. Séquence "Mac Nostagie-Airs du passé" avec MC Solaar et IAM.

23.30 Les arrières-arrières-petits-enfants de la télé
T **Magazine.**
L'histoire mondiale de la télé, présentée par Arthur, Pierre Tchernia et Dan Rather.

00.30 Le cercle magique des esprits de minuit, ah dis donc là.
Magazine d'ethno-culture présenté par Laure Adler et Cissé N'Diolo M'ba en duplex entre Port-au-Prince et Niamey.

Thema : Perversions rares - La zoophilie

Soirée thématique proposée par Klaus Wanger.
Chrétiens-médias: Non, non et non !

22.45 02.00 **Arte**
Présentation

Les soirées thématiques continuent leur panorama des perversions sexuelles. Après l'hypertrophie mammaire et l'urophilie, c'est au tour de la zoophilie.

Mes nuits chaudes avec Kiki

22.55 23.55 **Arte**
Téléfilm

Téléfilm franco-allemand de Philippe Garrel (2008).
Brigitte Lahaye : Olga.
Mabrouk : Kiki.
Chrétiens-médias : Surtout pas ! Absolument exclu ! Niet ! Verboten !

Sophie, femme d'âge mûr, riche héritière d'un domaine pétrolier, rencontre sur un plateau de télé l'arrière-petit-fils de Rintintin. C'est le coup de foudre. Et pour nous, le coup de grâce.

Jacques Siclier

Gang bang avec un troupeau de moutons

23.55 00.30 **Arte**
Documentaire

Documentaire français de Gérard Depardon (2009).
Chrétiens-médias : Argh ! yorg ! krrkh ! euêêrk ! Kaï kaï...

Apparu dans les années 90, le gang bang était une pratique de sexe collectif qui mettait un ou deux partenaires d'un sexe aux prises avec une quarantaine de partenaires de l'autre sexe. Avec le changement de participants, la version ovine obtient au moins un résultat : elle nous endort quand on les compte.

Olivier Céna

PhotoDisc

Toujours en pleine forme, l'ami Tchernia prépare son émission Les arrières-arrières-petits-enfants de la télé, en compagnie de Marius, descendant de Gotlib.
France 2, 23.30.

Le club Dorothée

23.30 01.00 **TF1**
Variétés TTT

Émission littéraire pédagogico-éducative autour de l'œuvre de Françoise Dolto, animée par Dorothée, Corbier et Ariane.
Invité : Patrick Modiano.

Encore une soirée extrêmement dense où Dorothée explore la psychanalyse pré-pubertaire dans tous les domaines de l'expression. On peut juste regretter l'abus d'un langage un peu trop spécialisé pour le téléspectateur moyen, comme en témoigne le long poème introspectif que Corbier interprète sur une musique de Stockhausen : "Sans mon systè-

déclaré : "C'est justement ce que... car il faut que... dans une perspective... que je... mgnf... gphj... g."

Jean-Claude Raspiengeas

Doon

Talents

Le rendez-vous Emploi-Formation de Télérama

CULTURE

THÉÂTRE SUBVENTIONNÉ DANS VILLE SUD-EST DE LA FRANCE
CHERCHE SON

DIRECTEUR jeune, 1 m 95 minimum, blond, musclé, yeux bleus comme l'acier

- il devra connaître le répertoire classique (Maurras, Barrès, Déroulède, P. Doris)
- il présentera un goût certain pour les uniformes, les chiens de combat et les amitiés viriles
- il ne perdra pas son temps au café ou à la bibliothèque
- il devra être français depuis 18 générations
- il tiendra sa troupe de comédiens d'une poigne ferme et résolue (parcours du combattant avant chaque répétition)
- il ne fera pas travailler de tapettes ou de gauchistes
- il mettra un portrait du Maréchal au-dessus de la scène

Sous le chaud soleil de la Provence, dans un cadre sain et ethniquement pur, le nouveau Directeur fera de notre théâtre l'instrument d'éducation des masses pour l'épanouissement de la culture et de la municipalité.

Envoyer CV, médailles et livret militaire au Journal qui transmettra

Grande multinationale culturelle

(films, CD, vidéos, livres, multimédia, etc., 3 usines, 17 succursales dans 12 pays) cherche son :

DIRECTEUR-CHEF DE SERVICE-MANUTENTIONNAIRE-AGENT D'ENTRETIEN POUR LE SECTEUR EUROPE

Il devra :
- allumer les ordinateurs et les robots en arrivant le matin
- éteindre les ordinateurs et les robots en partant le soir
- bien s'entendre avec ses deux collègues d'Asie et d'Amérique

Envoyer CV au Service Personnel automatique de sélection des candidats.

Grande maison d'édition-groupe de presse cherche pour un de ses périodiques

2 HUMORISTES TALENTUEUX
(pour remplacer rédacteurs vieillissants)

- ⇨ vous êtes jeune
- ⇨ vous avez une certaine expérience de l'humour
- ⇨ vous avez des idées nouvelles, loin de toute dérision aigre ou perfidie bilieuse
- ⇨ vous n'avez pas d'insupportables exigences concernant votre salaire ou la climatisation de la rédaction
- ⇨ il ne vous viendrait pas à l'idée de prendre votre président comme tête de Turc (pour ensuite l'ignorer à la moindre occasion)

REJOIGNEZ-NOUS !

- ⇨ pour un travail facile et agréable dans un mensuel d'humour et de bandes dessinées avec des numéros spéciaux d'une simplicité enfantine (dont les derniers ne faisaient rire que leurs auteurs)
- ⇨ avec une ambiance chaleureuse, entouré de jolies maquettistes et d'accortes secrétaires, dans des bureaux panoramiques
- ⇨ un rédacteur en chef aimable et compréhensif
- ⇨ des collègues sympas et cocasses

La soirée du câble et du satellite

D'un seul coup d'œil : tous les programmes

20.32

Canal-Mots Fléchés : Problème n° 3332 par Robert Scipion (Jeu). - **TV-Plomberie :** Les joints à collets battus en Ø 12 (Série) - **Euro-Dentistes :** Les couronnes sur molaires (documentaire) - **Canal + 237 (Bouquet CanalSat) :** foot - **Télé-pétanque :** la bizontine en doublette (sports) - **TV-pompes :** 47, 48, 49 (Série) - **A Sat1 (Bouquet Asat) :** B est un salaud (polémique) - **Antenne-Bezon :** conseil municipal (direct) - **Canal-Tricot :** le point jacquard à maille inversée (documentaire) - **Télé-La grande vadrouille :** La grande vadrouille (film) - **B Sat1 (Bouquet Bsat) :** A est une râclure (polémique) - **TV-Pompes :** 50, 51, 52 (série) - **Canal + 435 (Bouquet CanalSat) :** foot - **Bouquet 1 (Bouquet Bouquets) :** la présentation des crevettes (documentaire) - **TV-pompes :** 53, 54, 55 (série) - **Barbecue-Network :** la cuisson des merguez (magazine) - **Bouquet 2 (Bouquet Bouquets) :** le final des feux d'artifice (documentaire) - **Fourmis-TV :** les amazoniennes rouges géantes.

20.33

TV-Pompes : 54, 55, 56 (série) - **Canal + 667 (Bouquet Canalsat) :** foot - **Fétichiste-channel :** Les talons aiguilles (documentaire) - **Télé-Blutch :** mes films préférés par Blutch (magazine) - **TV-Pompes :** 57, 58, 59 (série) - **Bouquet 3 (Bouquet Bouquets):** L'assemblage des chrysanthèmes (documentaire) - **Bèguevision :** La c... c... cage aux f... f... folles.- F... F... Film (Ac...ac...Acco...cord pa... papa... parent...t...tal sousou... souhai... ouhai.... souhai... ai... ai... ah pis merde) - **Channel Guillaume Durand :** Mes coiffures, par Guillaume Durand (documentaire) - **Pédalos broadcast :** aimer son pédalo (magazine) - **Frémion-Channel :** Pour rire ensemble avec moi - **Nettework-Télénette :** Comment nettoyer sa télé - **Frémion-Channel :** Les Livres de ma vie de moi (émission littéraire, les œuvres de Frémion) - **TéVé-Fluide :** Les marges (best-off des meilleures marges de 2010) - **Bouquet-Paluche+ :** Le pouce opposable et son utilisation - **Channel-Coco :** évocation de la vie de Coco Chanel - **Frémion-Channel:** Allez les Verts avec moi (débat politico-culturel) - **Bouquet-Paluche+ :** L'auriculaire ou comment se gratter les oreilles.

20.34

TéVé-Fluide : Reportage à la Maison de Retraite des Artistes de Music-Hall de Pont-aux-Dames. Rencontre avec Gotlib - **Channel-Coco :** Le Chanel N° 5. Peut-on aller plus loin ? Stéphane Collaro propose le Cocollaro N° 9,792 - **Bouquet-Paluche+ :** L'énigme du poil dans la main - **Frémion-Channel :** La Roue de la Fortune de mes Pseudonymes de moi (jeu-concours) - **Channel-Coco :** Tout sur les œufs - **TéVé-Fluide :** Goossens prix Nobel 2009 de physique. Cérémonie de remise du Prix à Copenhague (rediffusion) - **Bouquet-Paluche+ :** Des différences fondamentales entre la paluche et le panard. - **Frémion-Channel :** Mes calembours de moi les plus hilarants à moi (anthologie) - **TéVé-Fluide :** Analyse de l'édito de Maëster par Moerell et vice-versa - **Bouquet-Paluche+ :** L'ongle du majeur incarné (émission médicale) - **Channel-Coco :** Coco le Clown a trouvé un job dans un circus à London. Il traverse le Channel (émission enfantine) - **Frémion-Channel :** Moi (portrait de Frémion par Frémion. Témoignages de sa famille) - **La Chaîne de Montagne :** Aujourd'hui, les Pyrénées (demain, les Andes - Hier, l'Annapurna - L'année dernière, l'Oural - Tous les jours météo montagnes) - **TéVé-Fluide :** Fluide Glacial devient quotidien à la rentrée. Info ou Intox ?

(Suite pages 12 à 535)

PUB

Façades enlaidies, interdictions municipales, plaintes des voisins...
Vous voulez absolument recevoir le satellite mais l'antenne parabolique défigure votre balcon et déclenche l'hostilité de votre entourage...

Plus de problème avec nos

ANTENNES PARABOLIQUES INTÉGRÉES

Esthétiques, discrètement adaptées à chaque circonstance, elles sont étudiées pour se fondre dans votre environnement. Objet d'admiration et d'envie, votre antenne parabolique deviendra un élément de décor si attractif que vous finirez par la regarder plus souvent que votre télé !

Antenne parabolique de Limoges
Motif à frises traditionnelles et dentelures de faïence, passe pour une décoration murale. Résiste à la chaleur. Livrée avec démodulateur en céramique............**11 799 F**

Antenne parabolique solaire
Sans autre transformation, une simple peinture bleu foncé à quadrillage change votre antenne en capteur solaire, et une odieuse pollution visuelle témoin de l'asservissement technologique en une merveille de symbiose écologique protectrice de l'environnement. Vos exigeants voisins viendront vous féliciter. Pot de peinture bleue et modèle pour quadrillage..........**229 F**

Antenne parabolique non camouflée pour emmerder le monde
Deux fois plus grande que la normale, uniquement destinée à faire chier vos voisins, elle n'est pas prévue pour fonctionner. Ne reçoit aucun satellite, ne nécessite pas de démodulateur..**6 779 F**
(Slogan sur l'antenne : "Si quelqu'un n'est pas content, qu'il vienne me le dire")

Antennes spéciales pays islamiques intégristes, où la réception des satellites est interdite, et où la présence d'une antenne "paradiabolique" dénonce le coupable :

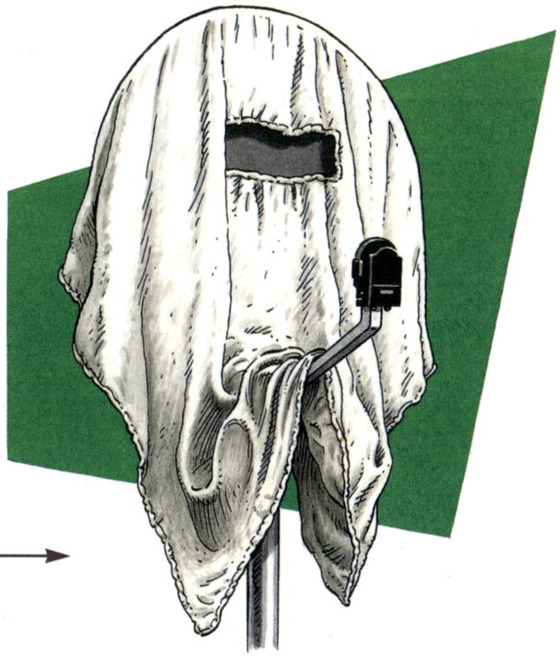

Antenne parabolique voilée
Ne laissant apparaître qu'une bande minimale de surface réceptrice (suffisante pour la réception), les mollahs n'y trouveront rien à redire...............**3799 $**

Antenne parabolique pot de géranium
Avec sa coupelle réceptrice habilement maquillée en pétales de géranium, elle agrémentera vos terrasses et balcons. Arrosage quotidien préférable pour tromper la vigilance des voisins. Livrée avec pot et engrais...........**10 899 F**

Antenne parabolique radar
Sans transformation, une simple peinture de camouflage militaire transforme votre antenne parabolique en radar de détection antimissiles, dispositif banal dans ces pays-là, qui n'attirera pas l'attention.

Pots de peintures verte, marron et grise...................**999 $**

PUB

Façades enlaidies, interdictions municipales, plaintes des voisins...
Vous voulez absolument recevoir le satellite mais l'antenne parabolique défigure votre balcon et déclenche l'hostilité de votre entourage...

Plus de problème avec nos

ANTENNES PARABOLIQUES INTÉGRÉES

Esthétiques, discrètement adaptées à chaque circonstance, elles sont étudiées pour se fondre dans votre environnement.
Objet d'admiration et d'envie, votre antenne parabolique deviendra un élément de décor si attractif que vous finirez par la regarder plus souvent que votre télé !

Antenne parabolique de Limoges
Motif à frises traditionnelles et dentelures de faïence, passe pour une décoration murale. Résiste à la chaleur. Livrée avec démodulateur en céramique............**11 799 F**
→

Antenne parabolique solaire
Sans autre transformation, une simple peinture bleu foncé à quadrillage change votre antenne en capteur solaire, et une odieuse pollution visuelle témoin de l'asservissement technologique en une merveille de symbiose écologique protectrice de l'environnement. Vos exigeants voisins viendront vous féliciter. Pot de peinture bleue et modèle pour quadrillage..........**229 F**

Antenne parabolique pot de géranium →
Avec sa coupelle réceptrice habilement maquillée en pétales de géranium, elle agrémentera vos terrasses et balcons. Arrosage quotidien préférable pour tromper la vigilance des voisins. Livrée avec pot et engrais...........**10 899 F**

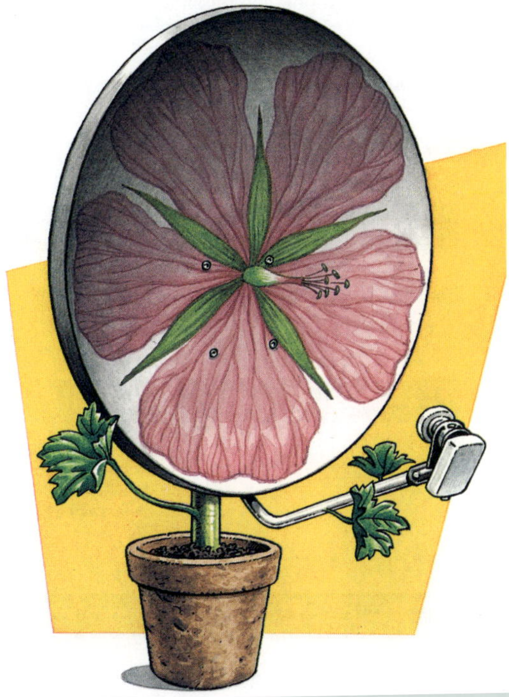

Antenne parabolique non camouflée pour emmerder le monde
Deux fois plus grande que la normale, uniquement destinée à faire chier vos voisins, elle n'est pas prévue pour fonctionner. Ne reçoit aucun satellite, ne nécessite pas de démodulateur..**6 779 F**
(Slogan sur l'antenne : "Si quelqu'un n'est pas content, qu'il vienne me le dire")

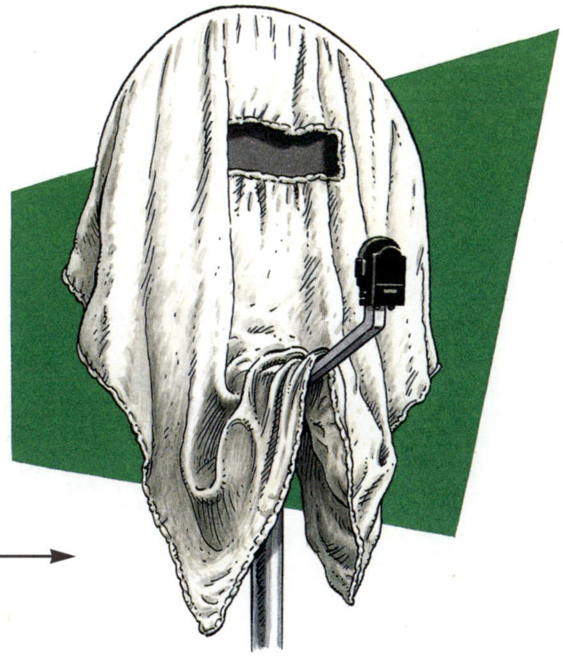

Antennes spéciales pays islamiques intégristes, où la réception des satellites est interdite, et où la présence d'une antenne "paradiabolique" dénonce le coupable : →

Antenne parabolique voilée
Ne laissant apparaître qu'une bande minimale de surface réceptrice (suffisante pour la réception), les mollahs n'y trouveront rien à redire...............**3799 $**

Antenne parabolique radar →
Sans transformation, une simple peinture de camouflage militaire transforme votre antenne parabolique en radar de détection antimissiles, dispositif banal dans ces pays-là, qui n'attirera pas l'attention.

Pots de peintures verte, marron et grise...................**999 $**

les Albums Fluide Glacial

Alexis	Avatars et coquecigrues
	Fantaisies solitaires
Alexis, Gotlib	Dans la joie jusqu'au cou
Baron Brumaire, Thiriet	Combien de marins?
Binet	Les Bidochon (15 tomes)
	Déconfiture au petit déjeuner
	Forum
	Histoires ordinaires
	L'institution
	Kador (4 tomes)
	Monsieur le Ministre (2 tomes)
	Poupon la Peste (2 tomes)
	Propos irresponsables (2 tomes)
Blutch	Waldo's bar
	Mademoiselle Sunnymoon
	Rancho Bravo
Coyote	Litteul Kévin (5 tomes)
Dupuy, Berberian	Le journal d'Henriette, tome 2
Édika	1-Debiloff profondikoum
	2-Homo-sapiens connarduss
	3-Yeah !
	4-Absurdomanies
	5-Sketchup
	6-Désirs exacerbés
	7-Happy-Ends
	8-Tshaw !
	9-Knock-out !
	10-Concertos pour omoplates
	11-Orteils coincés
	12-Bluk-Bluk
	13-Pyjama blouze
	14-Bi-bop euh... loula
	15-Splatch !
	16-Relax Max
	17-Big Noz
	18-Melon Bago
	19-Destins yaourt
	20-Ploucs show
	21-Pom-Pom Pidou Waah
	22-Mission Bizou
	23-La double vie de Clark Gaybeul
Ferri	Fables autonomes (2 tomes)
Foerster	Hantons sous la pluie
	Certains l'aiment noir
	La soupe aux cadavres
	La raison du plus mort
	Tous les haricots ont une fin
	Porte-à-Porte-Malheur
	L'appel du fossoyeur
	Vingt mille vieux sous la terre
Franquin	Idées noires (2 tomes)
Gaudelette	Radada, la méchante sorcière (3 tomes)
Gimenez	Amor, Amor !!
	Paracuellos (2 tomes)
	Amour toujours
	Aux risques de l'amour (3 tomes)
Goossens	L'encyclopédie des bébés (3 tomes)
	La vie d'Einstein (2 tomes)
	Route vers l'enfer
	Le Messie est revenu
	L'homme à la valise
	L'esprit, le corps et la graine
	Le romantisme est absolu
	Georges et Louis (3 tomes)
Gotlib	La bataille navale... ou Gai-Luron en slip
	Gai-Luron (10 tomes)
	Hamster Jovial et ses louveteaux
	Pervers Pépère
	Rhâ-gnagna (2 tomes)
	Rhââ Lovely (3 tomes)
Héran	L'étoffe des zéros (2 tomes)
	Pulsions zérotiques (2 tomes)
Hugot	Les consultations du Dr Ohlenschlager
	Déshabillez-vous
	Le Doc peint le monde tel qu'il est
	Les enquêtes du Commissaire Pecteur
	L'enfant zoovage
Larcenet	Soyons fous
	La loi des séries
	Bill Baroud
Léandri	Photos-BD
Lelong	Carmen Cru (6 tomes)
Lob, Gotlib, Alexis, Solé	Superdupont (5 tomes)
Lopez, Fontdevila	Une vie de Saint
Maëster	... et Boules de gomme
	Obsédé sexuel (3 tomes)
	Sœur Marie-Thérèse (4 tomes)
	Meurtres fatals
Marcelé, Chiavelli	Élodie
Moerell	Ou la cuisse ?
	Vise l'ampleur !
	Trot c'est trop !
Raynal	Combustion spontanée
Solé, Dister, Gotlib	Pop et rock et colégram
Tha, Tharrats	Absurdus Delirium (3 tomes)
Thiriet	Contes d'à-côté
	Histoires peu crédibles
	Trois tiers de trio (2 tomes)
Tronchet	Jean-Claude Tergal (6 tomes)
Tronchet, Coutelis	Bienvenue à Welcome Land

les Carrés Fluide Glacial

Frémion, Bernar	Attention, chien léchant !

les Guides Fluide Glacial

Collectif	Le guide du bac
	Le guide de la télé
	Le guide de la sexualité épanouie *(à venir)*

les Écrits Fluide Glacial

Léandri	La grande encyclopédie du dérisoire (2 tomes)
Gotlib	Jactances

Éditions Audie, 33 avenue du Maine 75755, Paris cedex 15
Tél. : 01.43.20.23.96 - Fax : 01.43.20.49.05
Internet : http://www.fluideglacial.tm.fr
Imprimé et relié par Partenaires-Livres®, France
Dépôt légal octobre 1998. 1re édition. ISBN 2-85815-252-7
Diffusion France et étranger : Flammarion.